儲かる会社をつくるには赤字決算にしなさい

会社にお金を残す32のコツ

ICOコンサルティング会長
井上和弘
Inoue Kazuhiro

JN257901

ダイヤモンド社

まえがき

経営は「攻め」より「守り」が重要だ！

会社は、何のために存在しているのでしょうか？

あるいは、日々、何を目的に会社を経営されているのでしょうか？

「お客様に喜んでもらうため」「世の中に貢献するため」「従業員の暮らしを守るため」など、答えは千差万別でしょう。


その目的を実現するには、何をしなければならないでしょうか？

「優秀な人を採用する」「すばらしい商品をつくる」「生産設備を整える」といったように、その手段もまた人それぞれでしょう。

さらに、その手段を実行するには、何が必要でしょうか？

すると、みなさん、このように答えるでしょう。

「売上を上げて、利益をしっかり確保することです」


では、さらに、お尋ねします。

①利益というのは、何利益のことでしょうか？

②なぜ、売上を上げて利益を確保することが必要なのでしょうか？

私の経験上、この２つの質問に対して的確に答えることのできる経営者は、１割もいません。

①「純利益です」
②「利益を確保すれば、お金がたまるからです」

９割の経営者はこのように、自信を持って答えるでしょう。

経営者というのは、とにかく売上を上げたがります。規模を拡大したがります。

「経営はバランスである」とよく言われますが、私は45年間の経営コンサルタント業を通じて、ほとんどの会社が「経営はオフェンス（攻撃）重視」になっていて、守りがヘタクソであることに気づきました。

「守りがヘタクソ」な会社には、２種類あります。

・「借金はイヤだ！」と言いつつ、いつまでたっても銀行借入金が減らない会社、そして、銀行との厳しい交渉をまったくしない会社
・多額の税金支払いに不満を言うのにもかかわらず、普段から正しい税務対策をしないで、頼りないと思いながら顧問税理士に任せっぱなしにする会社

どうですか。胸をはって「会社を守っています」と言えますか？

「なぜ、売上が増えているのに、お金がたまらないか？」

「なぜ、利益を出しているのに、お金が増えないのか？」

それは、あなたの会社の〝守り〟に問題があるのです。

世の中には「売上を上げ、利益獲得のためにどうするか」という攻めを勧める本が数多くあります。しかし、実入りが多いのは、苦労して稼いだ売上高から、お金の流出をいかに無駄なく防ぐかという〝守り〟なのです。

冒頭の2つの質問の答えとともに、私なりのお金の守り方を知っていただきたく、筆を執りました。

「赤字決算にすれば会社にお金が残る」と言うと、驚かれるかもしれませんが、ここに究極の会社防衛策が隠されているのです。

井上　和弘

2015年1月

儲かる会社をつくるには赤字決算にしなさい

目次

第3章 有利な条件をどんどん引き出せる銀行交渉術

第4章 経理を変えれば、無借金経営になれる

第7章 見落としている減価償却で強い会社になれる

第8章

税務調査を恐れる必要はありません！

第1章

会社にお金を残すには、赤字決算にしなさい！

会社にお金が残らないのには2つの原因がある

「お金がたまらない！」

多くの中小企業の経営者は、いつもお金のことで悩んでいます。

政府の景気対策の効果もあって、日本経済を取り巻く環境は少しずつ改善の兆しが見え始めてきました。しかし、この恩恵を受けているのは大企業が中心です。海外から材料を仕入れ、国内で製品をつくって販売するパターンが多い中小企業では、円安によって仕入れコストが上がり、かえって苦しくなっています。おまけに、大企業は業績回復を受けて、従業員をどんどん増やしています。その結果、時給を上げて、求人広告をいくら打っても、中小企業には人が集まらなくなっているのです。

「だから、お金がたまらないんだ。仕方ないけど」

こういう発想になりがちですが、そうはならないでください。それよりも、なぜお金がたまらないかについて、考えに考え抜いたことがあるでしょうか。

❖…「借金」と「税金」のせいでお金が残らない

売上が上がらない、原価が下がらない、労務費が上がり続けている……、実はこれ以外にも会社にお金がたまらない理由があるのです。それが本書のテーマである「借金」と「税金」です。

「どうして?」と思われた経営者は、これらをコントロールするという発想をこれまで持っていなかった方です。そういう会社にはお金がたまらなくて当然です。きっと、こう思っているのではないでしょうか。

「銀行から借り入れたら、その分お金が増える。借りられるだけ借りるべきだ!」
「税金をきちんと払うのが、会社の責任だ。税金を払わないなんて、非国民だ!」

確かに、会社の未来が明るく、お金に不自由しないキャッシュリッチ(お金持ち)な会社は、そういう考え方でいいかもしれません。しかし、本書を手に取った方のほとんどは、そうではないはずです。会社の未来も不確かで、お金も手元に残っていないわけです。

「借りられるというのは信用の証しだ」「納税は会社の使命だ」などと言って、倒産した企業を私は何社も見てきました。「お金よりもっと大事なものがある」と言われますが、それはきれいごとにすぎません。とくに、中小企業においては、ミエ、メンツなどどうでもいいのです。大切なのは「お金を残すこと」なのです。

❖…会社をつぶさないコツは何か?

これまで、銀行交渉については元銀行マンが、税金については税理士が、税務調査については税務署OBが、たくさんの本を出版してきました。しかし、それらは「会社を強くする」という企業経営の視点ではなく、一般的な専門知識の紹介で、どの本も「どこかで見たことがあるなあ」というたぐいのものでした。

私は、中小企業の経営コンサルタントとして、いかにして「つぶれない企業」づくりをするかをテーマに今日までやってきました。コンサルタント歴45年の間に、石油ショック、バブル崩壊、リーマン・ショックと、3つの大きな経済危機を経験しました。絶対につぶれないと言われた銀行が倒産したり、一世を風靡《ふうび》した企業が一瞬にして奈落の底に落ちる姿も見てきました。

「つぶれる企業と、つぶれない企業の違いは何だろうか?」とずっと考え続けてきました。そうして導き出した答えが、会社をつぶさないためには、**「借金返済」**と**「税金支払い」**という2つのキャッシュアウト(お金の社外流出)を抑えることだったのです。

これから、この二大テーマについて、じっくりとお話ししていきます。

図① 「税金」と「借金」でお金が出ていく

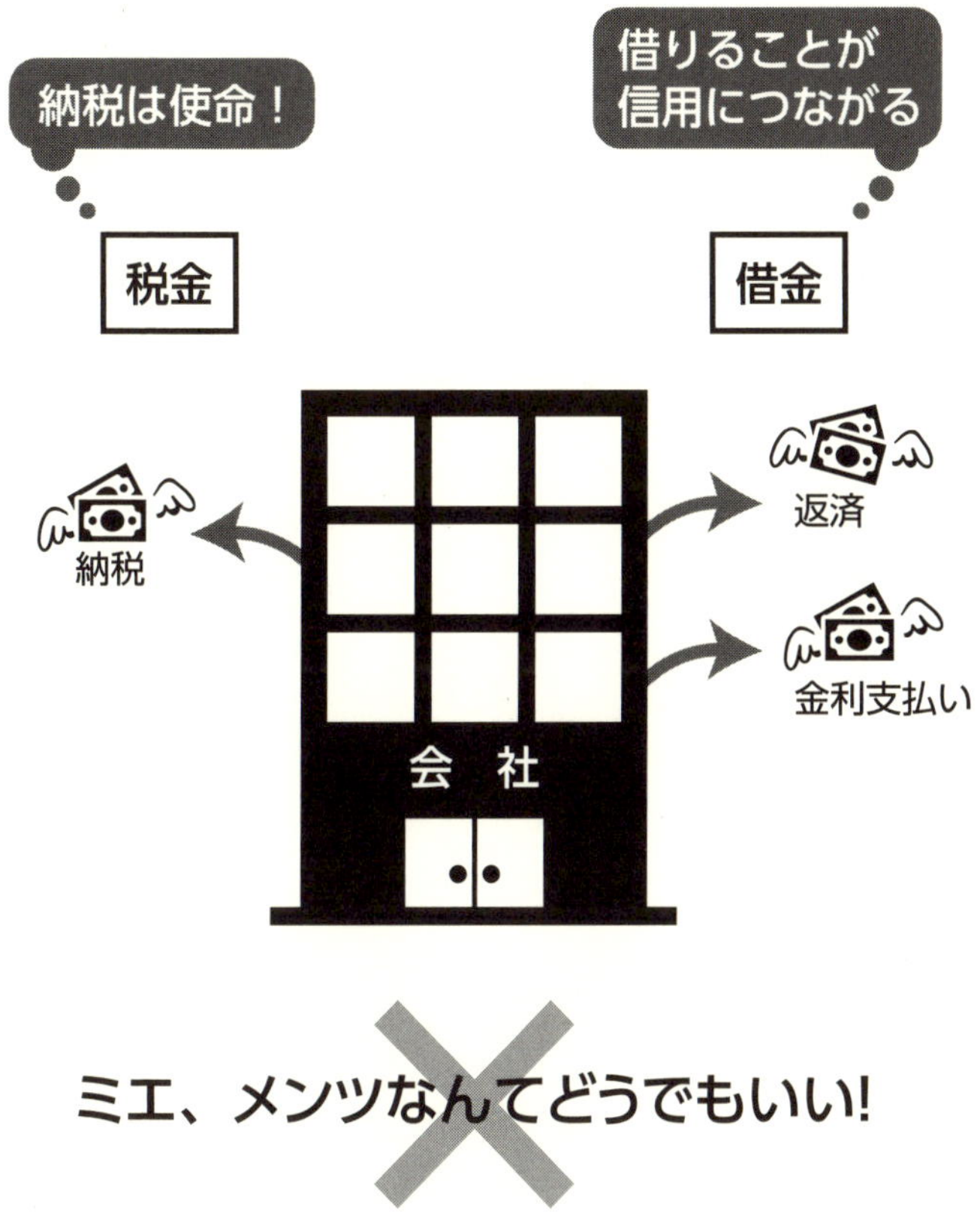

何も対策をしないと、
会社からどんどんお金が出ていく

「銀行員と税理士の言うとおりにしていたら、会社はつぶれます！」

大規模な金融緩和によって、円安・株高が進みました。失われた20年のデフレ期を脱却し、ようやくインフレになろうかと期待が高まっています。そうしたなか、銀行は「これから、金利が確実に上がります！　金利は固定にしておきましょう」と提案してきました。しかし、上がると言われていた金利はまったく上がっていません。むしろ下がっています。銀行に言われるがまま、固定金利にする借入契約書に判を押してしまい、「だまされた！」と思っている方は大勢いるのではないでしょうか。思い返してください。銀行からの「御社のためです」という甘い言葉にそそのかされて下した意思決定は、当初のもくろみどおりになっていますか？　本業以外の部分で投資した案件は収益を生んでいますか？

❖……銀行員は金融のプロではない

首都圏にある貿易会社T社では、いまから7年前に、当時はやっていたデリバティブ（金融派生商品）を銀行から強く勧められました。「そこまで言うなら」と契約しましたが、その数年後に1ドル80円を切る超円高がやってきて、年商に相当する巨額の損失を抱えてしまいました。「だまされた!」と思っても後の祭りです。

「あのとき、きちんと説明させていただきましたよ。ご納得のうえ、契約書にサインしていただいたじゃないですか?」

銀行は、手のひらを返したかのような対応です。誠実さのかけらもありません。相談を受けた私は社長に指示して、T社と銀行で負担すべき損失割合について、時間をかけて徹底的に交渉させました。間もなく円安に振れるとにらんでいたからです。やがて、私のもくろみどおりに、為替が円安トレンドに変わり、損失額を大幅に減らすことに成功したのです。T社は首の皮一枚のところでつぶれずに済みました。

銀行員は、お金のプロで金融知識も豊富だと考えがちですが、そんなことはまったくありません。毎月の試算表、決算書を要求してきますが、彼らがそれを読んで分析するわけではないのです。以前、大手メガバンク（都市銀行）の部長に質問しました。

「御社のなかで、どれくらいの人が決算書を読めるのですか?」

答えを聞いて思わず笑ってしまいました。

「2割は読めるが、2割はまったく読めません。あとの6割は、ときどき読めて、ときどき読めないという感じです」

こんな状態ですから、銀行の言われるままに動いていては絶対にダメなのです。

❖……税理士には3種類の人間がいる

実は、税理士にも注意が必要です。税理士という職業を勘違いしている人がけっこう多いのです。税理士といっても、3種類いることをご存じでしょうか。

①税理士試験に受かっている人
②公認会計士の資格を持っていて、税理士として登録した人
③税務署に長年勤めた人

①税理士試験は、すべての税法をパスしなければならないわけではありません。法人税か所得税はどちらかを選択すればいいのです。所得税は勉強していても、法人税は勉強していないという税理士もいます。事業承継で必要な相続税は必須科目ではありません。それぞれ得意、不得意があるのです。

②公認会計士は、上場企業の監査業務を中心にやってきた人です。監査業務というのは、

企業が粉飾をしていないか、売上、原価、経費の伝票をチェックする仕事です。ですから、はっきり言って、税金のことはまったく知りません。

③税務署に長年勤めたといっても、実は税法のことは勉強していません。みなさん、これもご存じないのですが、税務署は常に正しいことを言っているのではありません。税務調査で揉《も》めた場合、頼りになるのは税法という法律です。ところが税務調査の場合では、しばしば税法が無視されているのです。

そして、彼らは「ダメです。認められません!」と言うのを仕事にしてきたため、税務署を退職して税理士になったあとも、この思考が抜けずに、なかなか経営者の立場に立って考えられないのです。

一口に税理士と言っても、経歴も違うし、専門も違います。税金のプロでは決してないのです。御社の顧問税理士はどういう経歴なのか聞いてみてください。

税務の世界では、「社会通念上、相当と認められる」常識が重要です。自分が知らない分野だと、どうしても下手《したて》になってしまうのですが、納得いかないことがあれば、「なぜですか。根拠は何でしょう?」と質問してみることです。そうしないと、本来払う必要もないお金が会社からどんどん出ていってしまいます。

「キャッシュイン（流入）を増やそうと思ってはいけない」

会社にお金を残そうと思うと、考え方は２つあります。

①キャッシュイン（お金の入り）を増やす
②キャッシュアウト（お金の流出）を減らす

このどちらかですが、経営者の方はとくに①を選ぼうとします。「ここまで会社を大きくしてきたのは、リスクを取って勝負してきたからだ。攻撃は最大の防御だ。勇猛果敢に手を打って、売上を伸ばし、お金を増やせばいいじゃないか！」と考えます。

❖…売上を伸ばしてもお金が増えるとは限らない

しかし、これからの日本は国内人口の減少とともに総需要が確実にしぼんでいきます。

一方で、ＴＰＰなどによる自由貿易の拡大、規制緩和の進展によって、海外からライバルが続々と参入してきます。

どう考えても、売上を伸ばすことは難しくなってきます。無理に売上を伸ばそうと、営業マンを投入し、広告宣伝を打って、販促費をバンバン使っても、多様化しすぎたニーズを的確にとらえられる保証などどこにもありません。

仮に運良く商品がヒットし、売上が増えたとしても、今度は、在庫の手当、売掛金の増加で、たくさんの運転資金が必要になります。増産のための設備投資も考えなければなりません。

みなさん勘違いされるのですが、売上が増えたからといっても、すぐにお金が増えるとは限らないのです。

つまり、客観的に考えて、①は簡単な話ではないのです。

❖…まずお金の流出を防ぐことを考えなさい

これに対して、②のキャッシュアウト（お金の流出）を減らすというのは簡単にできることです。

ですから、これからは、この②を真剣に考えてほしいのです。

「そんなこと言われなくたって、絞れる経費は絞っていますよ」
「旅費、交通費、消耗品、交際費など、従業員にはコスト意識を持たせて、経費の節減を徹底させていますよ」

こう反論されるかもしれません。それはそうでしょう。しかし、借金返済と金利支払いという2つのキャッシュアウト（お金の流出）について、どれだけ考えてきたでしょうか。この2つは、ちょっと対策を取るだけで、すぐに効果が出ます。しかもその効果は、経費をケチケチ削るよりもずっと大きいものなのです。

野球でもサッカーでも、点を取られなければ負けることはありません。企業経営においても、どうかこの発想で、キャッシュを増やそうと思わずに、無駄なキャッシュアウトを減らすことを考えていただきたいのです。そうすれば、結果的にお金はたまっていくことになります。

図② キャッシュインとキャッシュアウト、どちらを重視すべきか

	キャッシュインを増やす	キャッシュアウトを減らす
方法	売上を伸ばす	経費以外を削る
	↓	↓
実際には	●需要が減っている ●海外との厳しい競争 ●人件費や販促費がかかる ●在庫が増える …etc.	●無駄に借金をしない ●税金を減らす
	×	○
	これは難しい かえってお金が出ていくことも	カンタン! 効果も大きい

「キャッシュアウト（流出）を防ぐには赤字決算にすればいい」

本書の目的は、「借金返済」と「税金支払い」という無駄なキャッシュアウト（お金の流出）を抑えて、お金を増やすことです。

こういうと、経営者のなかには「そんなことをしなくても、利益を黒字にすればお金を増やせる」とおっしゃる方がいます。しかし**「利益が黒字ならお金が増える」というのは大きな勘違いです。**

黒字倒産という言葉があるように、黒字だからお金が増えるわけではありません。その逆も、また然りです。赤字だからお金が減るということでもないのです。

そして、**赤字決算にして、キャッシュを増やす**ことこそ、私がずっと言い続けていることなのです。

どの経営者もこう聞くと、「えっ⁉　何をバカなことを！」と驚きますが、これは本当のことです。赤字にすれば、キャッシュアウトを抑えることができて、キャッシュが増えるのです。

不思議ですね。このことを「井上マジック」と呼ぶ経営者もいるほどです。

❖…利益を出すよりもお金を残すことが大切

赤字決算にすると、キャッシュが増える理由は単純です。それは、税金を払わなくて済むからです。

みなさんの会社では「納税資金」を銀行から借り入れたことはありませんか。利益が出て儲かっているはずなのに、どうして税金を払うために借入をするのかと疑問に思った方もいるでしょう。税金を払うために借り入れることほどバカらしいことはありません。赤字にすれば、こんなことはなくなるのです。

「キャッシュフロー経営」という言葉をご存じでしょうか。

〝キャッシュ〟は「お金」、〝フロー〟は「流れ」のことで、お金の流れを重視して経営しましょうということです。要するに、「使えるキャッシュ（お金）を増やしましょう」というわけです。

日本経済新聞の投資財務面を見てください。毎日のように、〝キャッシュフローが改善〟〝フリーキャッシュフローが増加〟などなど、「キャッシュ」という言葉を目にします。これは、会計先進国のアメリカから入ってきた考え方です。

このアメリカ流の考え方が入ってきてから、決算書にはB／S（貸借対照表）、P／L（損益計算書）のほかに、キャッシュフロー計算書が加えられるようになりました。キャッシュフロー計算書とは、1年間でキャッシュがいくら増えたか減ったかを表すものです。

ここにきて、日本企業の間でも、ようやくキャッシュフロー経営が浸透してきた感があります。といっても、これは大企業の話です。

中小企業の経営者と話をしていると、いまなお売上至上主義で、「売上が上がれば利益が増える」「利益が増えればお金が増える」という時代錯誤な考えをお持ちの方が多いのにびっくりします。

私は、**売上より利益、利益よりキャッシュが大切**だと考えています。売上や利益というのは経理が計算するもので、操作しようと思えば操作できてしまうのです。しかし、キャッシュというのは、いま預金通帳に載っている金額そのものです。動かしようがありません。「キャッシュ・イズ・キング」なのです。

❖…儲かっている企業ほど節税にシビア

最近では、ヤフーやIBM、アップル、スターバックスなどが過度の節税をしていることで話題になり、新聞紙面をにぎわせています。税金を払わないように必死に考えている

図③ 税金に対する意識の違いで会社は変わる

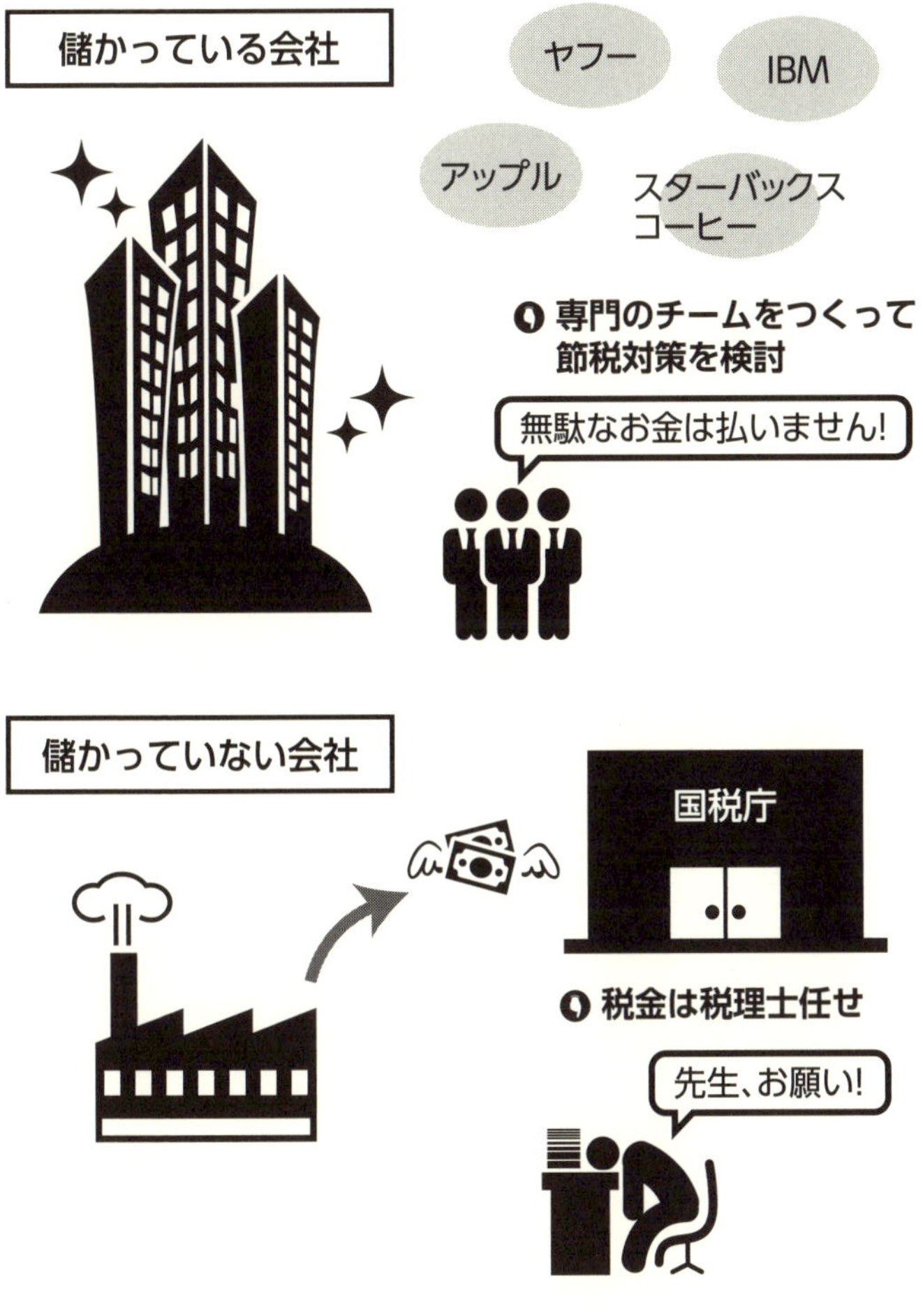

のです。

大企業では、いかに合法的に節税するか、専門部隊をつくって検討しています。世間からみれば、どこもみな儲かっている会社です。「儲かっているのだから、そこまでやる必要はないだろう」と思うかもしれません。

しかし、違う見方をすれば、税金という無駄なキャッシュアウト（お金の流出）にシビアだからこそ巨大企業になりえたとも言えます。

お金をためることに貪欲な大企業がある一方で、中小企業ではそれができていないし、やろうともしていません。だから、お金がたまらないのです。

「そんな専門部隊、うちのような会社につくれるわけがないだろう！」

こう言われそうですね。

でも、大丈夫です。中小企業の場合には、専門部隊なんて必要ありません。本書を読んで、それを実行していけば、自然とお金がたまっていくのですから。

「赤字決算にすることで、キャッシュリッチな強い会社になれる」

私はもうかれこれ30年近く、後継者のためのセミナー（日本経営合理化協会主催「後継社長塾」）の塾長を務め、これまで500社ほどの中小企業の後継者と接してきました。毎月1回、1泊2日のセミナーを開催し、参加費236万円をいただく、日本一高い後継者育成セミナーですから、そこに送り込む企業も、お金持ちの優良企業ばかりです。さぞかし、社長も後継者も大変優秀なのだろうと話を聞いていくと、意外にびっくりすることが多いのです。

後継社長塾でも、当然、私の主張を講義します。

「赤字を出して、キャッシュ（お金）をためなさい！ そのためには、こうしなさい！」

とアドバイスすると、次の講義の際に、後継者が顔を曇らせながら、こう言うのです。

「先生、社長から猛反対されました。『うちは創業以来、一度も赤字を出したことがない。とてもじゃないが、赤字なんて出せるか。そんなことをしたら、銀行に見せる顔がないだろ！ お前はバカか!!』と怒られたんです」

こう返ってくるではありませんか。とくに、古い時代の経営者になればなるほど、こういう返事が多いですね。

❖…赤字を出しても、なんの問題もない

赤字を出しても、きちんと説明すれば、銀行もわかってくれます。私の主張に猛反対する経営者に限って、利益や赤字にはいくつか種類があることをご存じないのです（詳しくは第2章をご覧ください）。さらに、利益を無理やり出すために帳簿を操作したあげく、税金まで支払おうとする経営者がいますが、それは愚の骨頂です。少なくとも、本書をお読みの方は、そういうバカなまねだけは絶対にしないでください。

「井上先生の顧問先は、優秀な企業が多いですね。本当にうらやましい」

お付き合いのある弁護士や税理士から、よくこう言われます。確かに、私が長年お付き合いしている企業は、収益性が高く、財務体質も健全な優良企業ばかりです。私は、中小企業のコンサルタントとして、45年にわたり「どうしたら企業にお金がたまるか」を真剣に考え、指導してきました。私の指導方針を理解し、素直に実践してくれた企業が、結果的に優良企業になっているのです。

面白いのは、そういう**優良企業の経営者は、誰もが「今期は残念ながら黒字になって、税金を払うはめになりそうです」などと言う**のです。いったん赤字決算の味をしめた経営者は、こちらが進言しなくても、どんどん赤字にできる材料を探して処理していきます。

本書をお読みのみなさんにも、ぜひとも赤字決算のうまみを理解してもらいたいのです。上場会社は、株価の問題もあるので、簡単に赤字にすることにはためらいが出ますが、中小企業の経営者や経理マンであれば、なにも躊躇《ちゅうちょ》することはありません。

❖…資金が回らなくなるのが一番の問題

会社がつぶれる原因はたった1つしかありません。

「**資金繰りが回らなくなること**」

これが、会社がつぶれる唯一絶対の原因です。企業経営において、キャッシュ（お金）は血液です。血液が全身に行き渡らなくなれば、生きていけなくなります。黒字だろうが、赤字だろうが、売上が急減しようが関係ないのです。銀行から資金調達できなくなったり、手形が落ちなかったから会社がつぶれるわけです。

世の中、とくに企業経営においては「お金がすべて！」なのです。

第2章

銀行の仕組みを知れば、赤字にするのは怖くない

なぜ会社にお金がないのか？ 稼いだお金は銀行に吸い取られている

「無駄な借入はするな！　無借金にせよ！」

私は日頃から顧問先に対して、このように指導しています。このメッセージを聞いた瞬間、経営者の反応は2つに分かれるでしょう。1つは「それができれば苦労はしないよ」、もう1つは「無借金にしたら、銀行との取引がなくなるじゃないか」です。

前者は、無借金を本気で目指そうとしていない企業、あるいは無借金になるために何をすればいいかわかっていない企業の反応です。

後者は、銀行取引を狭く考えすぎています。借入がなくても、仕入代金や給与の振り込み、売上金の入金など、銀行口座を通じたお金のやりとりはいくらでもあるのです。これらも立派な銀行取引です。

❖…銀行は4つの手段でお金を搾り取る

さて、銀行取引をすると、次の4つのお金や財産が出ていきます。

①金利
②手数料
③元金返済
④担保・保証

①金利……御社の金利はいくらですか。一昔前の7～8％のときと比較して、「2～3％は安い」「1％なんてタダみたいなものだ」なんて思っていませんか。私の顧問先では、「レイテンサンパチ」、つまり**0・38％が常識になっています**。

②手数料……銀行はお金を貸して利ざやを稼ぐ商売ですが、いまや本業では稼げません。その代わりに、手数料で稼いでいます。振込手数料、手形の取立手数料、為替手数料など。手数料の原価はゼロです。銀行からしたら、ボロ儲けなのです。自分が思っている以上に、銀行に対してさまざまな手数料を払っています。**銀行はいまや「手数料産業」なのです**。

③元金返済……借りたら返すのは当たり前です。しかし、経営していると、徐々にその感覚がなくなっていきます。元金を返済することが、資金繰りを圧迫すると感じてしまうのです。しかも、返済額がまた多いのです。これは、借りた人にしかわからない感覚です。

これをなくすには、無駄な借入をせず、無借金経営に持っていくことです。

④担保・保証……会社の資金繰りが行き詰まり、借入返済ができなくなった場合、抵当権を設定している担保物件は、銀行の手に渡ってしまいます。また、経営者が個人保証をしている場合は、個人財産を没収されてしまいます。そう考えると、これも一種の社外流出といえます。一昔前までは、借入をする際には、担保を差し出し、個人保証をするのが当然でした。しかし、時代は変わったのです。いまやどちらも交渉で外すことができます。ただし、銀行から「外しましょう」と言ってくることはまずありません。自分から交渉することです。

お金を残して、キャッシュリッチ（お金持ち）な企業になるには、この4つを抑えることです。ぼんやりしていると、せっかく汗水流して稼いだお金がどんどん銀行に吸い取られてしまいますよ。

「銀行からお金を借りてはいけない」

「お金は借りられるだけ借りなさい」

「借りられるというのは、信用力のある証しです」

「何十億円も借入する方法をお教えしましょう」

こういう税理士や資金調達のコンサルタントがいます。私はこの主張にいつも首をかしげています。


預金通帳の残高を毎月眺めて、「うちも金持ちになったなあ」と勘違いしている経営者がいます。ちょっと待ってください。そのお金は誰のお金でしょうか。確かに、B/S(貸借対照表)の左側には、預金残高がたっぷりあるかもしれません。しかし、右側を見てください。それと同じくらいの借入金はありませんか。

消費者金融からお金を借りて、たくさんの1万円札を財布にしのばせるのと同じです。財布だけを見て、お金持ちになった気になっているわけです。それでどんどん浪費してしまいます。それとまったく同じことをやっている経営者が実に多いのです。

❖…不要な借入は会社の足を引っ張るだけ

私はなにも絶対に借入をしてはいけないと言うつもりはありません。企業が成長するために必要な資金なら、借入しなければならないこともあるでしょう。しかし、現実には、そうハッキリとした目的意識もなく、ただ単に「なんとなく」借りている企業が実に多いのです。そして、そういう会社に限って、金利がやたら高くなっています。

無駄に金利だけを払っていることに気がついていないのです。5億円を金利2%で借りていたら、年間1000万円の金利です。1000万円あれば、老朽化した設備を買い換えられます。先送りしてきた修繕もできます。従業員を2人くらい雇えます。

借入金を減らすというのは、そこらの経費を削るよりも、よっぽど費用対効果が高いということに早く気づいてほしいのです。

「借りた金は返さなければいけない」という小学生でもわかるルールが、会社経営になるとわからなくなるのが不思議でなりません。だから、「借りられるうちに借りてしまおう」なんて、とんでもない発想になるのです。

確かに、銀行は信用力のない会社には貸しません。しかし、無借金の会社こそ、最も信用できる会社ではありませんか！　消費者金融に手を出している人と、自力でやり繰りしている人のどちらが信用できますか。

私の顧問先に、都内で牛肉を扱っているS社があります。一時期、BSE（牛海綿状脳症、いわゆる狂牛病）が問題になったとき、業界として売上が大きく落ち込みました。

「井上先生、大変です！　このままだとつぶれます」

経営者から相談がありました。しかし、私にはS社が絶対につぶれないという自信がありました。理由は簡単。無借金だからです。

「慌てなくても大丈夫。無借金だから安心ですよ」

そう言って、経営者を勇気づけました。同業他社ではつぶれるところが出てきましたが、S社は生き残り、元気を取り戻しました。会社経営には自力ではどうすることもできない「まさかの坂」があります。BSEのような業界全体を揺るがす問題しかり、大地震のような災害しかりです。そのとき生き残れるのは無借金企業なのです。

❖…資金繰りが回らなくなるパターンは決まっている

先ほど、倒産の唯一の原因は資金繰りが回らなくなることにある、と述べましたが、そうなるのは決まって次のようなワンパターンです。

たまたま儲かる

↓

キャッシュ（お金）が増える

↓

銀行にそそのかされて、借金をして過大投資に走る（大量の在庫仕入れ、多額の設備投資、本業と無関係な投資）

↓

ブームが去り、売上は急減、在庫の山を抱え、新規の設備は眠ったままさらに、投資が元本割れを起こして不良債権化する

↓

資金がショートする（足りなくなる）

↓

倒産する

ご存じのとおり、銀行というのは、晴れたときには傘を貸して、雨のときには貸してくれません。儲かっているときは「借りてください」ですが、資金がショートすると「貸せません」なのです。どうか、銀行からお金を借りることに、もっと慎重になってください。

借りたお金をどんどん返せば、資金繰りは楽になる

私が企業を診断するとき、まず「井上式B／S（貸借対照表）面積グラフ」（図④）を作成します。これは、B／S（貸借対照表）を数字で考えるのではなく、図で考えるために私が考え出した方法です。

これを見ると、とても面白いことがわかります。**現預金がたくさんある会社のほとんどは、その反対側に、必ずそれに見合う借入金があるのです。**グラフを見ると、その会社の借入金が本当に必要かどうかが一発でわかります。経験上、8割の会社が現預金を持ち過ぎているのです。

❖……「当座貸越契約」と「資金繰り表」でスリム化する

ここで、みなさんに質問です。

質問①　御社の現預金は、月商の何カ月分ですか？

質問②　御社の現預金は、本来、何カ月分あれば足りますか？

質問①について、多いのは月商の3カ月分持っているという会社です。なかには、6カ月分という会社もあります。本当に、そんなに必要なのでしょうか。

質問②について、私が考える最適な預金残高は、小売業などの現金商売では月商の0・5カ月分、製造業などの掛商売では月商の1カ月分です。いかがですか。これで少ないと思うでしょうか。

なぜ現預金を持ち過ぎてしまうのでしょうか？　これには2つの理由があります。

①万が一のことがあったら、不安だから

②資金繰り表を作成していないから

まず①について、御社は、銀行との間で当座貸越契約を結んでいるでしょうか。当座貸越契約を結んでおけば、非常事態になっても、すぐに一定額まで融資してくれます。

経理マンは几帳面、繊細、心配性のタイプが多いです。となると、「何かあったら」と心配になり、ついつい現預金を多く持ち過ぎる状況になってしまうのです。しかし、これ

図④ 井上式B/S面積グラフ

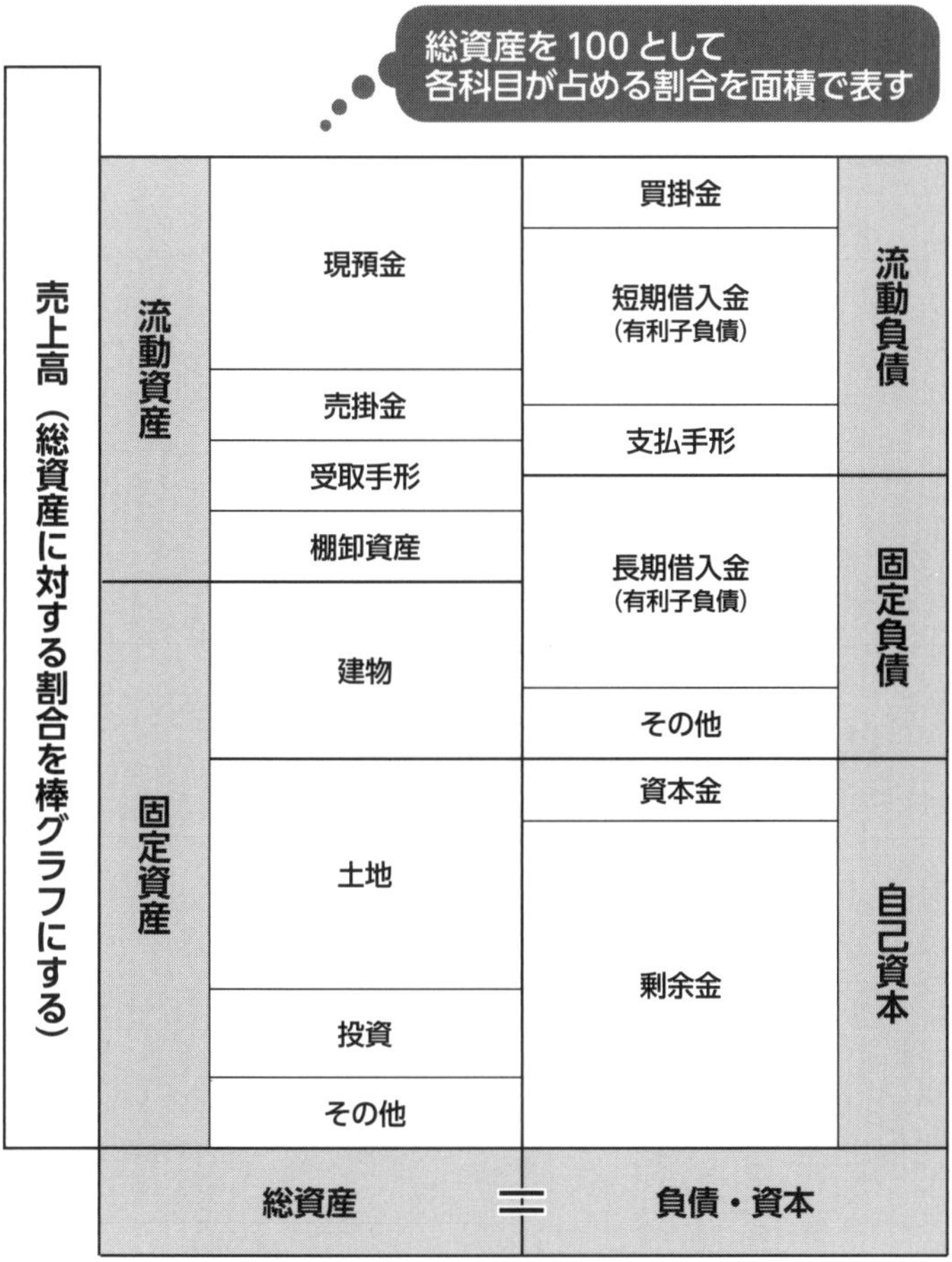

数字ではなく、面積で把握しよう!

までその「何か」が起こったでしょうか。きっと何もないはずです。実際、当座貸越は契約しているけれど、使っていない会社がなんと多いことでしょう。

②について、資金繰り表を作成していないと、「いつの時点で、いくらあればよいか」が把握できません。だから、「多めに持っておこう」となってしまうのです。ある時点でこれだけあればよいという目安がわかれば、それに合わせて資金をコントロールできます。

現預金を持ち過ぎると、総資産が膨らみます。総資産が膨らめば、自己資本比率が悪化します。ROA（総資産経常利益率）も悪化します。それによって、銀行の格付け評価も悪くなり、借入条件が悪くなります（これについては39ページ以降で詳しく説明します）。この負のスパイラルから脱却するには、①当座貸越契約と②資金繰り表を有効活用することです。

月商の5カ月分に相当する現預金と借入金があった企業で、無駄な借入を減らしたところ、自己資本比率が一気に15％もアップした事例もあります。必要以上の現預金を持たなくすることで、その他の経営指標もグンと改善し、有利な条件で借入交渉ができるようになるのです。

図⑤ 現預金をスリム化する

「もし、足りなくなったらどうしよう……」
→①当座貸越契約
「いくら必要かわからないから多めに……」
→②資金繰り表を作成する

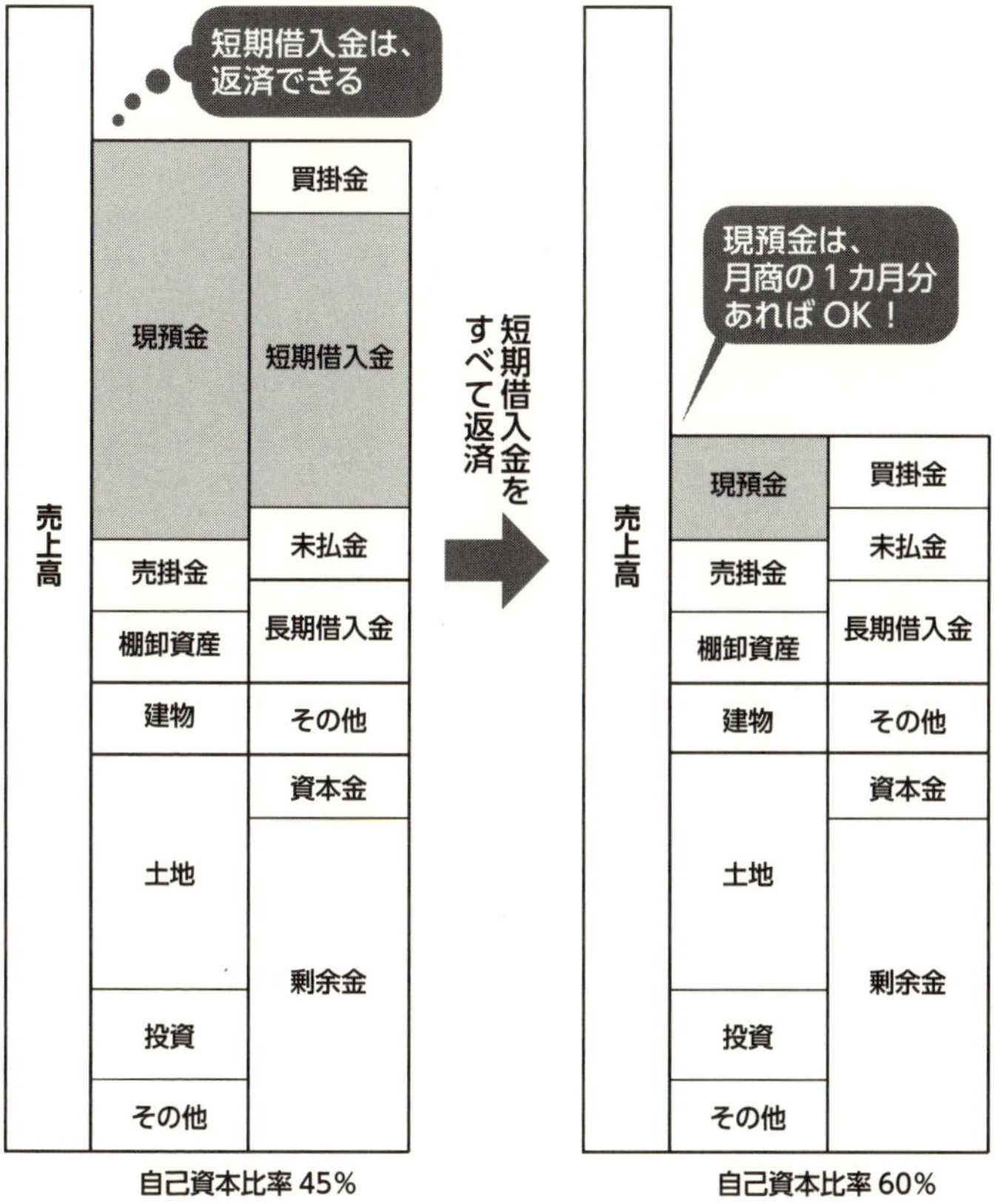

❖…なかなか借入金返済を認めてくれない銀行

「そういえば、設備投資のために調達した長期借入金は、当初の予定ほどには使わずに眠らせたままにしてあったな。調べると、この分は返してしまって問題なさそうだ。無駄な借入はどんどん返済していこう！」

こう思って、銀行に話をしに行くとしましょう。しかし、これがまた簡単ではありません。「いやぁ、急に返すと言われましても」などと足踏みされ、にっちもさっちも進まなくなってしまうのです。

銀行の各支店には融資ノルマがあります。激しい出世競争の世界です。なんとかして融資実績をあげたいと、誰もが思っています。数億円を一気に返されようものなら、個人成績は大きくマイナスです。再度、その数億円を、どこかに貸し付けなければなりません。いまはただでさえ借りてくれる企業がないのに、そんなことをされたら、支店長のクビが飛んでしまいます。

返済予定より早く「返します」というと、銀行側はこう言います。

「違約金をいただくことになりますが、よろしいでしょうか」

「違約金」と聞くと、その言葉の響きにドキッとして、「えっ、そうなんですか。それなら、やっぱりやめておきます」と、予定より早い返済（繰り上げ返済）を断念してしまうかもしれません。

「違約金」という言葉だけ聞くと、なんだか罰金かのような印象がありますが、内容はちょっと違います。

残りの返済計画で支払うべき金利の総額を示しているだけです。つまり、繰り上げ返済しようがしまいが、どちらにせよ支払うべきものなのです。

そうであれば、違約金を払って、どんどん返済してしまえばよいのです。しかも、違約金は損金で落とせますから、払った分で税金の支払いを抑えることもできるのです。

この違約金については、融資を受けたときの約定書の裏などに、小さな文字で書かれています。もし、**これから資金調達をする場合には、「違約金はどうなっていますか？」「繰り上げ返済するときの違約金はなしにしてください」と要望を出してください。**あなたの会社が、銀行から高い評価（格付け）を受けていれば（44ページをご覧ください）、「承知しました。そのようにさせていただきます」と受け入れてくれます。

❖…「もしも」のときのためにも借金はしないほうがいい

「違約金を払うくらいなら、わざわざ返さなくてもいいいじゃないか」と質問される経営者がいます。

それでも、現預金を必要以上に持ち過ぎているなら、借入金を返せるときに返しておくべきです。そうすることで、経営指標が改善することはもちろん、「まさかの坂」がやってきたときに、持ちこたえられるからです。

天災被害、風評被害、得意先の倒産など、**予想もしていない危機が起こったときに、すぐにつぶれるのは、借入金がたくさんある企業です。**売上が急減し、在庫の山を抱えても毎月の返済は待ったなしできます。何度も書きますが、会社がつぶれる唯一の原因は、資金繰りが回らなくなることです。

長期借入金に比べて、短期借入（手形貸付）の場合は、もっと簡単に減らせます。短期借入は、銀行宛てに発行した支払手形を期日が来たら更新し続けています。コロコロと転がしているわけです。その更新をストップすればいいだけなのです。

「更新をストップするって、どうやって⁉」と思われるでしょう。

簡単です。更新するときを思い出してください。

手形を差し替えて、新しい手形に銀行印を押すでしょう。それを押さなければいいだけの話です。

銀行の格付けの仕組みを熟知しよう

読者のみなさんにぜひ知っておいてもらいたいことが3つあります。

①銀行は、みなさんの企業を1社1社格付けしている
②格付けで大切なのは、決算書の評価である
③その評価は、銀行員ではなく、コンピュータがしている

銀行が企業に貸付をするとき、最初に格付け（スコアリング）します。

銀行の仕事は、貸したお金に利息をつけて回収することです。貸したはいいけれど、元金、利息が回収できなければ銀行は儲かりません。そのため、融資先に返済能力、利息の支払い能力があるか、どこまで貸せるかを判断するために、1社ずつ格付けしていくのです。

❖…銀行はどのように企業を見ているか

では、どうやって格付けをするのでしょうか。

自分が他人をどう見るかを考えれば答えはわかります。私は、外見と内面で人を判断します。外見は、顔に始まり、身長、体型、声、服装、持ち物などです。一方で、内面も見ます。気が利く、自分勝手、短気、のんびり屋などです。

同じように、銀行も会社の外見と内面を見て評価しています。外見とは、決算書のように数字で表すことのできる部分です。これを**定量的要因**といいます。この定量的要因については、のちほど詳しくご説明します。

反対に、内面とは、市場の動き、ライバルの状況、経営者の資質、経営方針、営業基盤など、数字で表せない部分です。これを**定性的要因**といいます。

では、このうち、どちらを重視するか、おわかりでしょうか。

先ほどの話に戻ります。人間、見た目が9割なんてことを言われますが、これは企業にも当てはまります。

長く深く付き合えば、内面がいろいろとわかってくるのでしょうが、銀行と企業の関係はそうではありません。なので、銀行が自社を見るときも、外見（定量的要因）に重きを置くのです。

図⑥ 銀行はどこを見ているか？

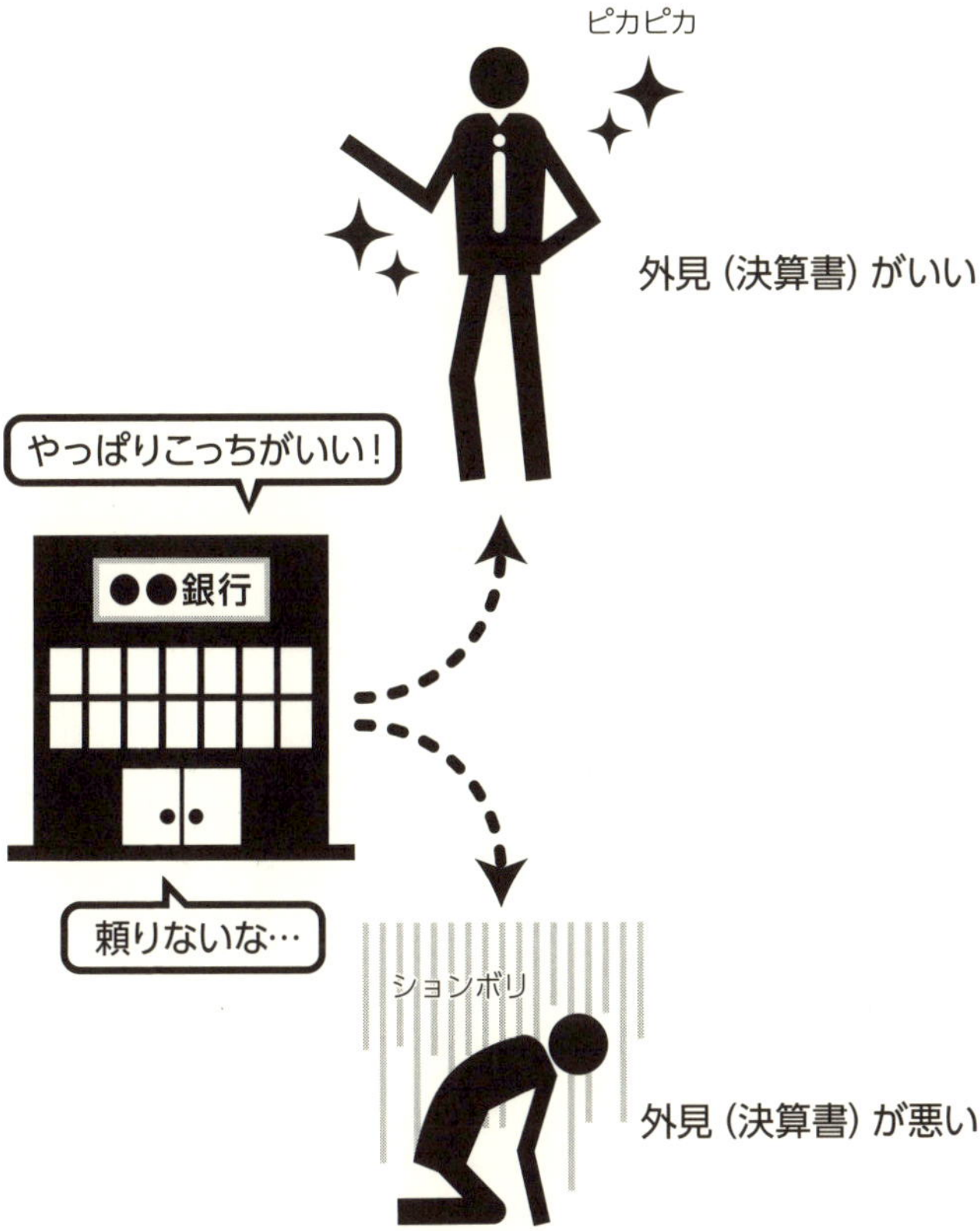

人間も会社も外見が大事！

外見（定量的要因）が60～70％、内面（定性的要因）が30～40％程度の割合で評価すると言われています。

しかし、銀行出身者の方々のお話を聞くと、「忙しいなか、定性的要因なんて見ていられない」というわけです。とくに、メガバンク（都市銀行）は、定量的要因を重視する割合が90％くらいと言われています。

ということは、定量的要因となる経営指標をよくし、そのための決算書の数字を工夫していけばいいわけです。あくまで決算書の数字を組み替えるだけであって、粉飾とはまったく別の話です。粉飾は絶対にしてはいけません。

❖…企業の評価はコンピュータがする

最後に、この定量的要因について説明します。

融資を受けようとするときには、必ず決算書を銀行に提出します。どんな銀行員も「本部に財務諸表を送り、検討させていただきます」と言うでしょう。

何も知らないと、「本部に財務諸表を見るエキスパートがいて、厳しい目で審査される。さぞかし優秀な人材がいるんだろうなあ」と思います。ところが、銀行の役員に教えていただきました。

「格付評価するのは人ではありません。コンピュータがあって、女子社員が数値をインプットしているだけです」

「えっ、コンピュータに融資を希望する企業のB／S（貸借対照表）、P／L（損益計算書）の数値を打ち込むだけで判定ですか。機械が数値だけで判定するというのは正確ではないでしょう?」

こう質問しました。

すると、役員はこう答えたのです。

「人が介在して情実に流されるより正確です。80％は正しい。人であれば、正確さが60％に落ちます」

初めて聞いたときは本当にびっくりしましたが、銀行員による不正融資事件などを考えると、なるほどそうかもしれません。

「銀行のスコアリングシステムは会社のどこを見ているのか」

定量的要因について、詳しく解説する前に、B／S（貸借対照表）とP／L（損益計算書）の構造を図④（33ページ）と図⑦で確認しておきましょう。業種によって若干の違いはありますが、基本的な構造は同じです。

さて、定量的要因による格付けは、図⑧のようになっています。銀行によって若干の差はあるものの、どの銀行も重視するポイントは同じです。

配点を見ると、ウエイトの高いものと低いものがあります。とくに配点が高いのは、「キャッシュフロー額」と「債務償還年数」の20点です。

繰り返しますが、キャッシュフローとは、キャッシュ（お金）のフロー（流れ）、つまり、お金の動きです。1年間で「自社の力でお金をどれだけ増やしたのか（減らしたのか）」ということです。

図⑦ P/L（損益計算書）の仕組み

(＋)売上高

(△)売上原価

＝売上総利益(あらり)

(△)販管費(人件費、減価償却費など)

＝営業利益 ← 大事なのはここ

(＋)営業外収益(受取配当など)
(△)営業外費用(支払利息など)

＝経常利益(けいつね)

(＋)特別利益
(△)特別損失

＝税引前利益(ぜいまえ)

(△)法人税

＝純利益 ← 経営者はここしか見ない

利益といっても、5種類の利益がある

図⑧ 財務格付けワークシート（銀行スコアリングの例）

	結果	配点	点数	説明
1. 安全性項目				
自己資本比率	%	10		自己資本／負債・資本合計
ギアリング比率	%	10		有利子負債（※）／自己資本
固定長期適合率	%	7		固定資産／（固定負債＋自己資本）
流動比率	%	7		流動資産／流動負債
2. 収益性項目				
売上高経常利益率	%	5		経常利益／売上高
総資産経常利益率	%	5		経常利益／総資本
収益フロー	期連続	5		100万円未満0点
3. 成長性項目				
経常利益増加率	%	5		(今期経常利益 - 前期経常利益) / 前期経常利益
自己資本額		15		
売上高		5		
4. 返済能力				
債務償還年数		20		有利子負債（※）／営業利益＋減価償却費
インタレスト・カバレッジ・レシオ		15		(営業利益＋受取利息・配当金)／支払利息＋割引料
キャッシュフロー額		20		営業利益＋減価償却費
定量要因　計　(A)		129		

儲かっている会社がランクが高いと思われているが…

実はここのウエイトが高い

（※）有利子負債＝長・短期借入金＋社債

当然、たくさんお金が生まれたほうがいいわけで、この金額が大きければ大きいほど点数は高いのです。

この2つの指標だけで、総得点の約3分の1を占めています。

加えて多いのは、自己資本に関わる経営指標です。自己資本比率と自己資本額の配点を合わせると、25点になります。先ほどの「キャッシュフロー額」「債務償還年数」と合わせれば、65点の配点になります。

なんと、この3つの要素だけで総得点の半分を占めるのです。

❖……ポイントは「営業利益」と「自己資本比率」

このことから、突き詰めることは2つです。

①営業利益を大きくする
②自己資本比率を高くする

①なぜ営業利益なのでしょうか？

それは、先の表を見れば明らかです。配点が高い「キャッシュフロー額」と「債務償還年数」の両方に、営業利益が登場するからです。

キャッシュフロー額は、営業利益＋減価償却費で計算され、大きければ大きいほど評価が高くなります。銀行が考えるキャッシュフローと私が考えるキャッシュフロー（56ページ）はちょっと違うのですが、とりあえず、銀行は営業利益を見るとだけ覚えておいてください。

一方で、**債務償還年数は、（長・短期借入金＋社債）÷キャッシュフロー額**と計算されます。

これは、銀行が貸したお金を何年で返せるのかを見る指標で、短ければ短いほど評価が高くなります。営業利益が大きければ、この年数は短くなることがおわかりでしょう。

銀行の格付け対策の1つ目は、この営業利益を大きく見せることなのです。

なお、ここでの算式には減価償却も含まれますが、銀行の格付け対策としては営業利益を大きくすることを優先すべきです。

②自己資本比率を高くしておくのもとても大切なことです。

自己資本比率とは、自社が持つすべての資産のうち、どの程度、自分のお金でまかなっているかという割合を言います。

その計算式は、次のとおりです。

自己資本÷総資産

B／S（貸借対照表）を見ると、左側には自社が持っている資産の種類が、右側にはその資産をどうやって調達しているかが示されています。

自社の設備は、どうやって調達したでしょうか。自社が儲けたお金から調達しましたか？　それとも銀行から調達しましたか？　私は、この自己資本比率は30％が最低ラインだと考えています。

借入が増えれば増えるほど分母の総資産は膨らみ、自己資本比率は低くなります。つまり、格付けが悪くなります。

経営者は常にこのことを肝に銘じておいてください。

「赤字決算で、銀行に強い財務諸表ができる」

繰り返しますが、銀行が重視するのはあくまで営業利益、つまり本業で稼いだ利益です。本業が黒字であれば、税引前利益が赤字であってもなんの問題もありません。もうおわかりだと思いますが、冒頭で私が申し上げた「赤字決算にしてキャッシュを増やす」の「赤字」とは税引前利益のことです。**営業利益は黒字を確保したうえで、税引前利益を赤字にするのです。**

それでは、ここから先ほどの「①営業利益を大きくする」「②自己資本比率を高くする」ための対策をお話しします。

❖…営業利益を高める3つの方法

先ほど説明したとおり、P／L（損益計算書）に載っている利益は、上から順に売上総利益、営業利益、経常利益、税引前利益、純利益です。そして、それぞれの利益の間には、収益あるいは費用（損失）項目があります。次の**図⑨**をご覧ください。

図⑨ **P/L（損益計算書）**

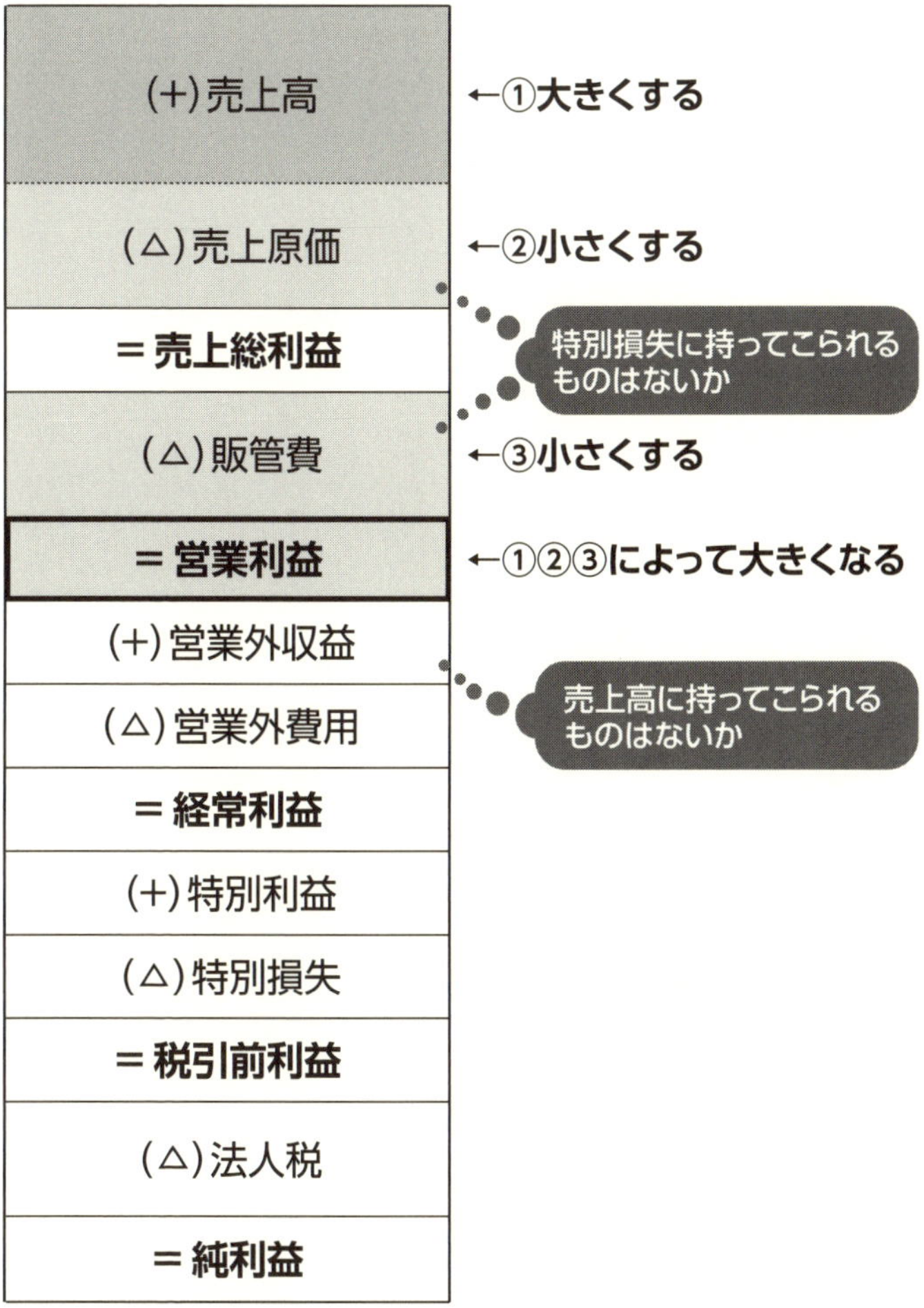

(+)売上高
←①大きくする
(△)売上原価
←②小さくする
＝売上総利益
特別損失に持ってこられるものはないか
(△)販管費
←③小さくする
＝営業利益
←①②③によって大きくなる
(+)営業外収益
売上高に持ってこられるものはないか
(△)営業外費用
＝経常利益
(+)特別利益
(△)特別損失
＝税引前利益
(△)法人税
＝純利益

営業利益というのは、売上高から、売上原価と販管費を差し引いて計算します。そうすると、この営業利益を高める方法は次の3つになります。

①売上高を増やす
②売上原価を減らす
③販管費を減らす

①のカギは本業外の収入にあります。P／L（損益計算書）の真ん中のほうに「営業外収益」という項目があります。このなかに、売上高に持ってくることができるものがないか探すのです。

一番わかりやすいのが賃貸収入です。ロイヤルティ収入があれば、それも売上高に持ってくればいいでしょう。税理士事務所任せにしておくと、本業以外の収入は、なんでもかんでも営業外収益に計上されてしまいます。

②③も同じことです。これらの項目のなかで、「特別損失」に持ってくることができるものはないか考えてほしいのです。

「特別損失？　何が特別なのですか⁉」と思われるかもしれません。それは、自社が決めればいいのです。

イメージとしては、臨時的に発生していて金額が大きいものです。災害による損失、大規模修繕、不良債権や不良在庫の処分損、固定資産の売却損や除却損、幹部役員に支払った退職金など、日常的に発生しないものを、ここに持ってきます。

しかし、**何が特別かなんて、結局はその企業にしかわからないことです**。だから、極端なことを言えば、「これは自社にとって特別だ」と考えれば、特別損失に持ってくればいいわけです。

営業利益を増やす方法については146ページで具体的に説明しますので、そちらを参考にしてください。

❖…自己資本比率はこの2つで高くできる

さて、もう1つの「自己資本比率を高くする」ことを考えましょう。

「自己資本比率＝自己資本÷総資産」の計算式から、自己資本比率を高くする方法は2つです。①自己資本を増やすか、②総資産を減らすかの2つですね。

①自己資本は、単年度の純利益の積み重ねです。これを短期間で一気に増やすのは大変

ですね。コツコツと時間をかけて積み上げていくしかありません。

一方、②総資産は、無駄な資産を減らすことによって縮めることができます。B／S（貸借対照表）の左側の無駄な資産を処分・削減すれば、その分、総資産全体が縮み、自己資本比率が高くなっていきます。

処分に伴って大きな損失が発生した場合は、一時的に自己資本比率が縮むことがありますが、心配ありません。数年後には、元より高くなっています。

では、具体的にどうすればいいのでしょうか。

B／S（貸借対照表）の左側（資産）を上から順に見ていきます。現預金、売掛金、在庫、建物、土地、投資、電話加入権……必要以上に多いものがないか、じっくりと考えるのです。**これまでの自社の方針が、売上や資産の規模ばかり追いかけてきたなら、間違いなく無駄な資産があります**。

月商分以上の余分な現預金は持たない、売上債権（受取手形や売掛金）の回収期日を短縮する、仕入れ、発注方法を見直して余分な在庫（棚卸資産）を持たないようにする、建物、土地、投資その他の資産を売却処分するなど、総資産を縮める方法はたくさんあります。詳しくは、第6章で説明します。

図⑩ **自己資本比率の増やし方**

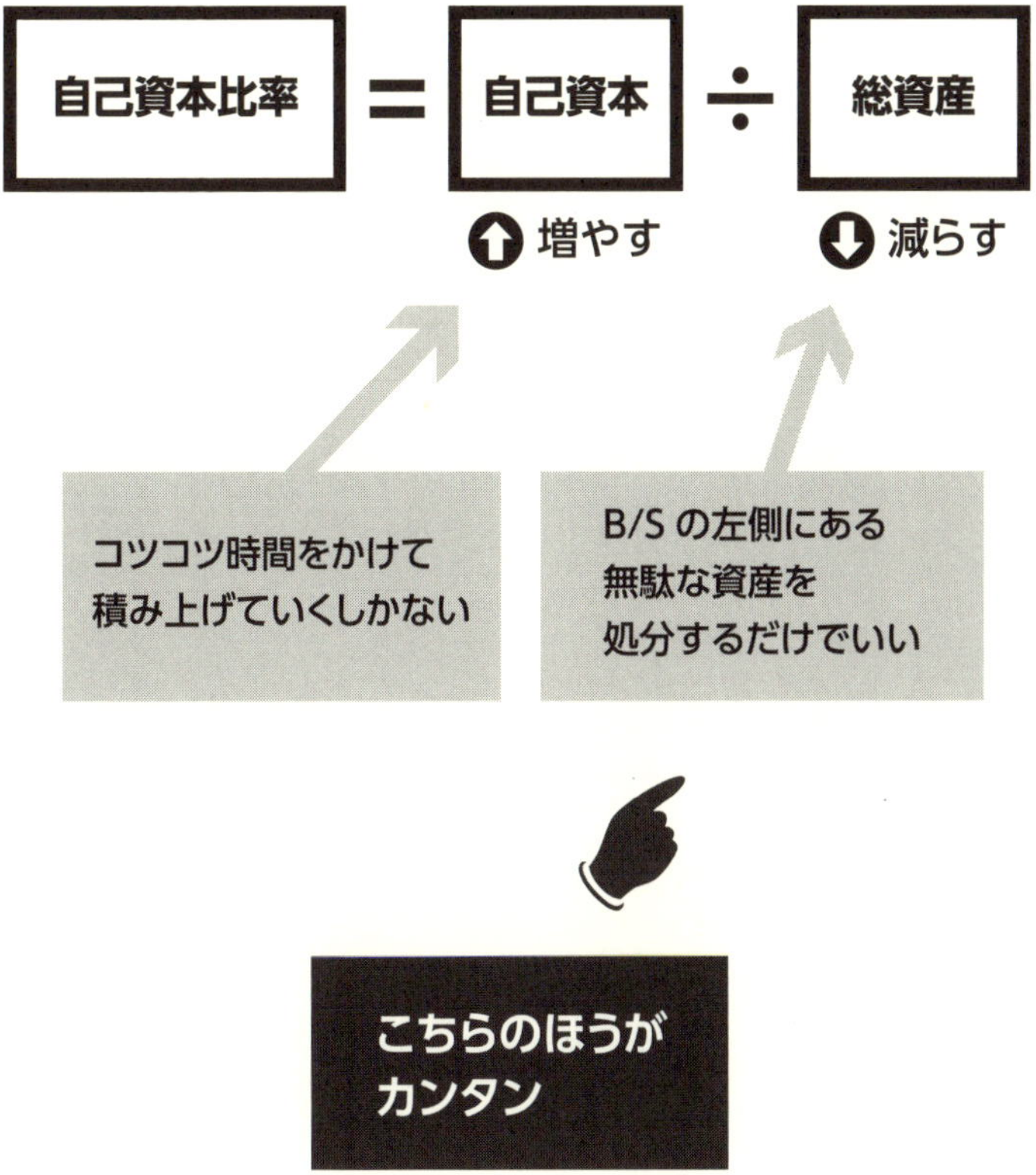
自己資本比率
=
自己資本
÷
総資産
増やす
減らす
コツコツ時間をかけて
積み上げていくしかない
B/S の左側にある
無駄な資産を
処分するだけでいい
こちらのほうが
カンタン

決算書を見れば、借金返済原資が見つかる

「余分な借入はどんどん返済しなさい」と述べてきましたが、その返済原資は、当然、事業を通じて獲得したキャッシュです。では、1年間で獲得したお金（キャッシュ）はどう計算するかご存じでしょうか。

「キャッシュフロー計算書を見れば、お金の流れがわかると聞きました。しかし、さっぱりわかりません」「そもそも、自社はそんなものをつくっていません。どうしたらキャッシュフローがわかるのですか?」「お金が残るキャッシュフローの考え方を教えてください」という方も多いでしょう。それなら、こう計算してください。

経営者のキャッシュフロー＝税引後純利益＋処分損＋減価償却費

❖……経営者のキャッシュフローと銀行のキャッシュフローは違う

「なぜ銀行が見るキャッシュフロー（営業利益＋減価償却費）と違うのですか?」「営業

利益のほうが大切なのではないですか?」と思われる方がいます。確かに、それはそのとおりです。

ところで、営業利益と税引後純利益の間には、2つ大切なものがあります。図⑦のP/L(損益計算書)を見てください。そうです。「支払利息」と「法人税」です。経営者がキャッシュフローを考えるときは、この2つを引いたあとの利益、つまり、税引後利益で考える必要があるのです。

銀行は、お金を貸し付けて、利息で稼ぐ商売ですので、融資先が利息を払えるかどうかが大切です。なので、営業利益をベースにして、キャッシュフローを考えるわけです。営業利益がたくさんなければ、利息を回収できないからです。一方で、経営者が自社のキャッシュフローを考えるときは、この利息は大きな社外流出になります。つまり、銀行の考えるキャッシュフローと、経営者が考えるべきキャッシュフローは違うのです。

もう1つ、大きな社外流出が「法人税」です。現在、日本の法人税率は40%近くあります。最近は、法人税の実効税率を引き下げようという動きがありますが、それでも、日本の税率は、諸外国よりずっと高いのです。自社のキャッシュフローを考える場合には、当然、この税金分も引かなければなりません。

❖…利益とキャッシュの関係を知ろう

さて、計算式に戻る前に、利益とキャッシュのわかりにくい関係性を知っておく必要があります。なぜ、わかりにくいのでしょうか。それは、売上や原価、経費のなかに、お金の出入りがあるものと、ないものがあるからです。利益を出発点にしてキャッシュフローを考える場合、利益を計算するときに足し引きした項目のうち、実際にお金の出入りが伴わないものを調整する必要があります。

代表例が、先の計算式の2番目の項目である「処分損」です。

この処分損というのは、処分したときの帳簿金額から、処分して実際に入ってきたお金を差し引いて計算します。例えば、昔バブルのときに5億円で買った土地を2億円で売ったとします。

帳簿では5億円で計上されていますが、実際に処分してお金になったのは2億円だったという場合、処分損は3億円（＝5億円－2億円）です。P／L（損益計算書）上で利益を計算するときには、この3億円の処分損は当然マイナスされます。

しかし、お金のやりとりで考えた場合、この3億円分の現金が出ていったわけではありません。つまり、利益を計算するときはマイナス要因だけれど、実際にお金がマイナスされたわけではないため、キャッシュフローの計算式ではその分をプラスにするのです。

さて、最後の「減価償却費」です。減価償却費も同じで、これをいくら計上してもお金は出ていきません（詳しくは188ページをご覧ください）。しかし、P／L（損益計算書）上では、これを費用として（マイナスして）利益が計算されます。そのため、この分を調整する必要があるのです。ほかにも、賞与引当金や退職給付引当金などがこれにあたりますが、主なものとしてはやはり減価償却費が大きいのです。

本来は、細かく見ないと正確なキャッシュフローは計算できません。しかし、経営者はざっくりとした数字をつかめば十分です。細かい話は経理に任せておけばいいのです。大切なのは、キャッシュフローを増やすにはどうするか、増やしたキャッシュをどのように使っていくかを常に考えることです。

❖……返済原資を増やすための4つの方法

まとめます。借入の返済原資を生むためには、4つの方法があることがわかります。

①金利を抑える
②税金を抑える

③含み損を抱えた資産をバンバン処分する
④減価償却費を増やす

そして、それぞれの対策は次のとおりです。

①銀行と交渉して、銀行の言いなりの体質を改める（第3章、第4章）
②税理士依存の体質を改めて、税務署に怯えない（第5章、第8章）
③土地建物、その他の資産もオフバランスする（第6章）
④減価償却のスピードを速める（第7章）

本やインターネットで調べると、キャッシュフローの概念が何種類も出てきます。いったいどれが正しいのか混乱してしまいそうです。すべて正しいのですが、「キャッシュをためる」ことを考えるなら、ここで述べた計算式を頭に入れておいてください。

第3章

有利な条件をどんどん引き出せる銀行交渉術

「銀行をありがたがってはいけない！銀行との付き合い方が変わった」

「銀行はお金を貸してくださるところ。だから、銀行に強く出て貸してくれなくなったら、とんでもないことになる。なんとかして貸していただけるよう、銀行の言うことを聞かなければならない」

いまでもこのように考える経営者がいるのには驚かされます。このような、銀行上位時代は遠い昔の話なのです。

❖…担保主義・個人保証の時代は終わった

近年、銀行にはお金がジャブジャブあることがわかっています。

「ラストバンカー」と称される西川善文氏（元三井住友銀行頭取）は、回顧録となった同名書籍の中で銀行の金余りについて述べています。

金余りは、1971年（昭和46年）のニクソン・ショックで金・ドル本位制度が終わり、為替レートが306円へ切り上げられ、大量のドル売り・円買いが発生し、市中に円が溢れたときからスタートしたのです。

住友銀行の組織も大きく変化しました。それまで担保主義で厳しい審査があったものが、審査のやり方を緩和し、名称も「審査部」から「融資部」となり、資金需要のある東京へ本格的に進出することになりました。

「床の間を背にして営業する時代は終わった」と言われる時代背景があったのです。大企業は、証券市場で直接資金調達をするようになりました。バブル崩壊後になると、過剰設備に困った大企業には資金需要がなくなり、20年前頃から、メガバンクも地方銀行も中小零細企業にも好条件ですり寄ってくるようになったのです。

担保提供、個人保証、保証協会の保証は、現在、必ずしも必要ではありません。プライムレート（最優遇貸出金利）も過去の話になってしまいました。とはいえ、銀行のほうから、無担保、無保証、低い変動金利（TIBOR《タイボー》＋スプレッド）などの好条件を言ってくることはありません。

現在は、中小企業も年率0・5％以下の金利で借りられる時代に来ています。私の顧問先では「レイテンサンパチ（0・38％）」が常識になっています。こうしたことを知らない、古い経営者が本当に多いのです。まずは、いまや銀行にはお金があり余っているという事実を認識していただきたいのです。

❖…お金は「借りてあげる」ものである

それでは、余った銀行のお金はどこへ行っているのでしょうか。

銀行が日本国債をせっせと買っているのは、みなさんご存じでしょう。銀行としては国債に投資するよりも、貸すところがあれば貸したいのが本音です。しかし、貸したくても貸すところがなく、国債に投資するほかない状況なのです。その結果、国債金利は依然として低いままです。

ですから、銀行からお金を借りている企業は「貸してもらっている」と卑屈になるのではなく、「借りてあげている」と考えてほしいのです。

多くの企業では、仕入業者は裏口から通してぞんざいな扱いをするのに、銀行員は応接室に通してお茶まで出しています。なぜ、こうも違うのでしょうか。

銀行は「お金」という商品を売りにきている企業にすぎません。**銀行も仕入業者だと考えて、条件交渉をしたり、他社と競争させていかなければならない**のですが、そのことに気づいていない企業が多すぎます。

図⑪ 銀行の姿勢が変わった

昔は……

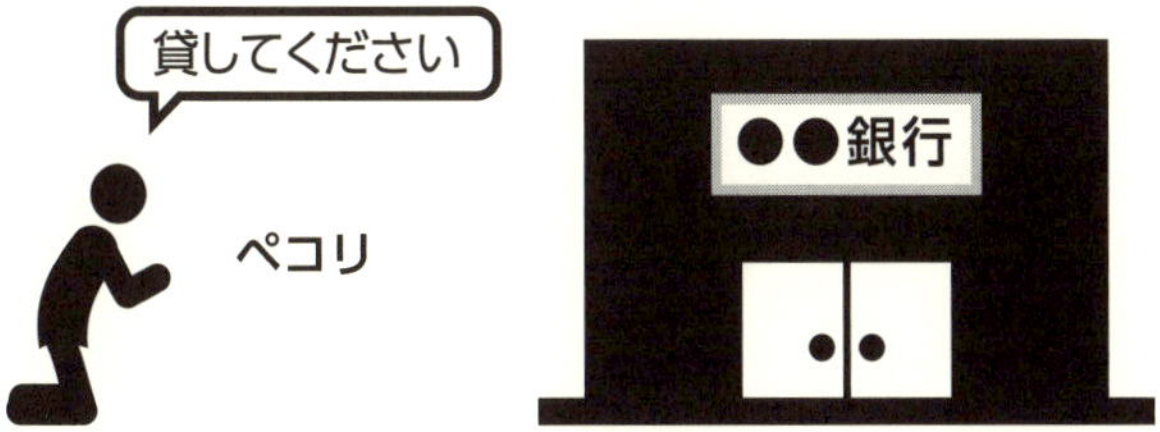

いまは……

銀行の支店長の存在も変わってきています。ある銀行の元頭取の言葉です。

「いまはもう、支店長は2年で異動です。支店長を2支店経験すれば、それ以上はないですよ」

支店長は2年で別の店舗に異動していくのです。そして再び、その支店に戻ってくることはありません。

支店長との付き合いが、銀行との付き合いに影響すると言っても、しょせんは2年間だけの話です。その間に、個人的な信頼関係を築けるでしょうか。

支店長との2年間の付き合いに振り回されたり、時間や交際費を注ぐよりも、銀行を取り巻く環境や、融資に対する考え方を知っておくほうが断然に有益です。

格付けを上げるための決算書の磨き方、金利や担保・保証を外すための交渉術を勉強することにもっと真剣になってください。

余分な資産は持たず、必要以上の借入をしないためにはどうすればいいかを考え続けてほしいのです。

そうすることで、自社にお金がたまっていきます。

「あなたの会社の金利は高すぎる！借入金利を引き下げる交渉術」

日本銀行は、毎月、約定平均金利を公開しています。2014年1月に発表された数字では、新規融資の4割が1・0％以下でした。

みなさんの借入金利は1・0％より高いでしょうか、低いでしょうか。「2％を切りました！」と喜んでいる場合ではないのです。

私は、この金利を0・5％以下に抑えなさいと指導しています。財務的に安定している会社であれば、必ずこの金利で借りられます。

実際に交渉するときは、「変動金利（TIBOR《タイボー》＋スプレッド）で借りなさい」と言っています。TIBORは国内の銀行間で資金を融通し合う際に使う金利で、これが基準金利となります。日本経済新聞の19面に載っています。そして、スプレッドは、そこに上乗せする金利です。この**スプレッドは、**第2章で説明した**格付け評価によって違ってきます。**格付けが高い企業であればあるほど、このスプレッドが小さくなるのです。

「契約金利＝基準金利＋スプレッド（上乗せ金利）」なのです。

❖…銀行員の嘘にだまされるな！

つい先日、こんなことがありました。

北陸地方にある製造業のP社が、年商の半分に相当する設備投資をしたいと、地元の地方銀行へ相談に行きました。P社は、0・5％前後の変動金利（TIBOR＋スプレッド）で借りたいと思っていました。

すると、担当者からこう言われました。

「TIBOR＋スプレッドというのは、上場会社だけの話です。上場していない御社では、お取り扱いできません」

いかがでしょうか。

そんなことは絶対にありません。この担当者は嘘をついているのです。

銀行員が企業に嘘をつくことは、銀行法で固く禁じられています。銀行法第13条の3では、「銀行はその業務に関し、顧客に対し虚偽のことを告げる行為、不確実な事項について断定的判断を提供し、又は確実であると誤認させるおそれのあることを告げる行為等をしてはならない」と決められています。

もし、このようなことがあれば、「本当ですか？ 私の理解とちょっと違っていますので、財務局に問い合わせてみようと思います」と対抗すべきです。財務局とは、地域ごとに置かれた金融庁の支店のような存在です。

そうなると、担当者は困ります。「えっ、あの、少々お待ちください」となるのです。融資担当者の背後には、本部の審査があります。そして本部の審査の背後には、金融庁の検査があるのです。融資先に対して嘘をついている、不誠実な態度をとっていることがわかれば、金融庁からその銀行の本部に処分が下されるでしょう。そして、銀行の本部は、当然、その支店や担当者に処分を下します。

この流れを理解するだけでも、銀行への対応が全然違ってきますね。

「本部の審査は、何を見るのか？」

「金融庁は何をチェックしているのか？」

これを考えるわけです。本部の審査では格付けがチェックされ、金融庁の検査では法律やマニュアルをきちんと守っているかどうかがチェックされます。少しでも有利な条件で借入しようと思えば、相手の背後に何があって、相手は何を気にしているかを押さえておくことです。

銀行からのお願いは交渉のチャンス

取引先とのやりとりで、先方からお願いごとを頼まれることがあります。そのような場合、どうされているでしょうか。

「わかりました。そのようにさせていただきましょう。その代わりと言ってはなんですが、いまの支払いの条件を少し変えていただけませんか？」

「納入価格を安くしてもらえませんか？」

このような交換条件を出すことがほとんどです。これがビジネスです。

ところが、銀行からお願いされると、何も文句や注文をつけずに「わかりました。そのようにさせていただきます」と、あっさりのんでしまう企業が実に多いのです。銀行だって取引先ということに変わりはありません。いつものビジネスと同じように交渉すればいいのです。

❖…年度末の融資依頼は断りなさい

銀行に頼まれて3月下旬に借入をした。そのような企業はけっこうあるのではないでしょうか。

「銀行にはいい顔をしておきたい」「むげに扱うわけにはいかない」「これも銀行とのお付き合いだから仕方がない」「頼みを聞けば、こちらが困ったときに助けてくれる」「うちは3月決算じゃないからいいだろう」など、さまざまな思惑があることでしょう。

このとき、銀行が何を考えているかといえば、「年度末（3月末）に少しでも融資額を多くしたい」「支店の成績をよくしたい」「融資担当営業マンとしての成績を上げたい」といったことだけなのです。

3月末決算の企業が、銀行からの依頼を受けて借入をしたなら、当然、その借入金額は自社の決算書に反映されます。そして、融資を受ける際には、その決算書をもとに格付け評価をされてしまうのです。

銀行の依頼で借金をしているのに、格付けは下がってしまうわけです。

「いいや、銀行はわかってくれるはずだ」と思うかもしれません。しかし、仮にそうだとしても、それはその銀行だけの話です。ほかの銀行にはなんら関係ありません。

だから、「どうか借りてください」という依頼が来ても借りないでほしいのです。

❖…銀行に交換条件を出してみよう

借入をすれば、総資産が増えて、自己資本比率などの経営指標が悪化します。借りる側にとってはマイナスでしかありません。ですから、そういう頼まれごとが来たら、銀行に交換条件を出してほしいのです。

「○○さんの頼みを聞くから、これまでの融資の担保を外してくれないか」「保証人を外してくれないか」「金利を下げてくれないか」「月末が済んだら、以前の高い金利の借入を全額返済させてくれないか」「新たな融資は担保・保証人をなしにしてくれないか」など、いくらでも交渉すべきことはあるはずです。

取引先だと思えば、こうした交渉は当たり前のことです。しかし、銀行となると、押して引いての駆け引きを一切しなくなるのです。

こうした依頼があったときに、銀行取引を勉強しているかどうかが大きくものをいってきます。

図⑫ 年度末の融資でこうなる

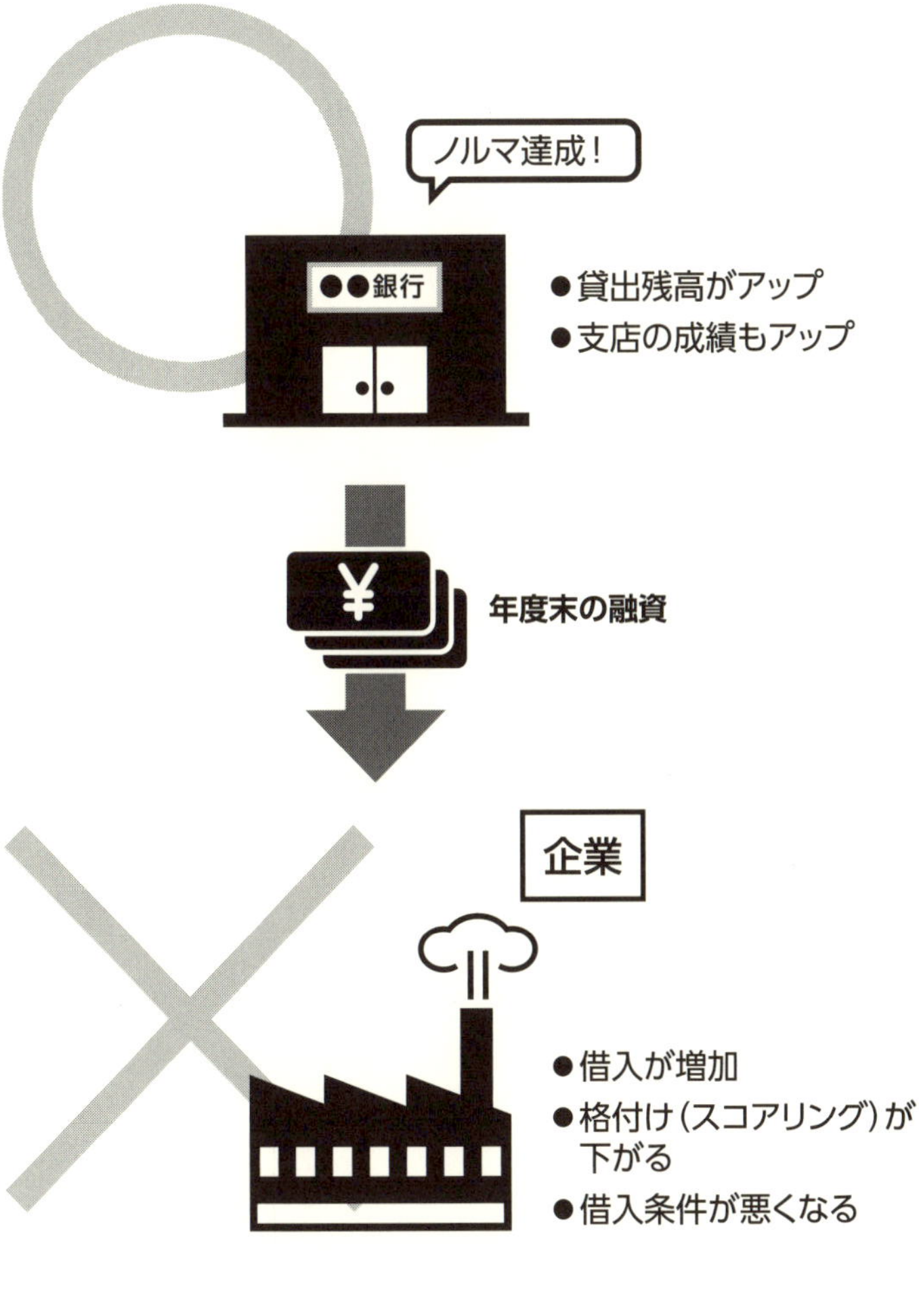

あらゆる手数料は交渉して下げられます

第2章で、銀行は「手数料産業」と述べました。銀行のホームページを見ると、そのメニューの多さに驚かされます。ここでは手数料をどう引き下げるかをお話ししましょう。

❖…銀行の手数料を削減する方法

①振込手数料を引き下げる

振込手数料は3万円未満か以上かによって変わってきます。もし、何も交渉をしていなければ、他行宛ての振込手数料は700円や800円もかかります。しかし、交渉に成功すれば、それが300円や200円、うまくいけば100円になるのです。これは本当です。交渉するかしないかで、かなり変わってきます。年間で数十万円以上節約できるでしょう。

一般的に、手数料を引き下げることを「減免措置《げんめんそち》」と言います。まず、「うちの手数料を減免してくれませんか?」とでも言ってみてください。そして、「交渉して下げてもらったという声を聞いているので」「他行から、下げてもいいという提示をいただいているので」

と言って粘るのです。親しくしている経営者がいれば、その経営者に「御社はいくら支払っているの？」と聞いてみてもいいでしょう。

いずれにしても、こちらから仕掛けなければ下がりません。銀行から「値引きしましょうか」とは絶対に言ってこないのです。

②手形の代金取立手数料を交渉する

受取手形がある企業の場合、銀行に取立手数料を払います。これは、期日がやってきた手形を換金するときに発生する手数料です。手形1件につき数百円です。小口の受取手形が多いと、けっこうな金額になります。振込手数料と同様に減免してもらえるよう交渉してください。

九州で卸売業を営んでいるA社から、「手形の取立手数料を下げてもらいました」という報告がありました。「いくらになったの？」と聞くと、「800円を100円にしてもらいました」と言うのです。

「その代わり、期日よりずっと早めに割り引いて0・4％の金利を払っています」とのことでした。つまり銀行は、金利を受け取る代わりに、割引手数料を100円にしてくれたのです。しかし、これだけなら「金利を払うくらいなら、そのままでいいじゃないか」と思ってしまいます。

その経営者が工夫したのは、手形を早く割り引いて、その現金を活用したことです。それまで手形払いだった仕入先に対して、翌月末の現金支払いに変えていったのです。仕入先も、回収が早まるので喜びます。そのとき、支払いを早くすることを条件に、支払額を割り引いてもらうことを取りつけたのです。もちろん、その割引額が、銀行に払う金利を上回ってプラスになっています。

つまり、銀行への手数料が100円になった分がコストダウンになっただけでなく、銀行に対する支払利息と取引先から安くしてもらった割引額の差益分も得をしたのです。

A社では、年間の取立手数料だけでも700万円節約できたそうです。さらに、この差益分も数百万円になったので、結局、1000万円ほどお金を残すことができました。


振込手数料、取立手数料のほかに下げやすいのが為替手数料です。とくに、為替手数料は1件あたりの金額が大きいので、効果大です。「大きな声では話せないけど、為替手数料が一番下げやすいのですよ」とは、元銀行マンの声です。

手数料も金利と同じです。情報を集めて、競わせて、粘り強く交渉しましょう。さあ、まずは、自社が払っている手数料を調べてみましょう。

担保や個人保証も外してしまおう

銀行を取り巻く環境が大きく変化するなかで、担保・保証もなしで借りられるようになってきています。

①企業を私物化していない、②財務体質が強い、③正確に決算報告をしているという企業なら、間違いなく無担保・無保証で借りることができます。 ところが、財務内容がさほど悪くないのに、担保も保証人も取られている企業にお目にかかることがあります。ひどいときは、さらに信用保証協会の保証までつけられています。

❖…これからの借入は無担保・無保証が原則

そんな企業の経営者に「担保と保証を外してもらうように交渉しました?」と聞いてみます。

すると、案の定「えっ、そんなことができるのですか?」とか、「借入をするには必要なのではないですか?」とか、「前に言ってみたけど、無理でしたよ」などという回答が返ってくるのです。

担保・保証が絶対に必要だった時代を経験してきた経営者にすれば、当然のような感覚です。銀行は、こちらから何も言わなければ、確実に担保・保証を要求してきます。

しかし、何度も言うように、いまや銀行にはお金があり余り、貸出先に困っています。銀行は貸したくて仕方がないのです。どの銀行担当者も融資を獲得したいのです。

もし借入を実行する機会があるなら、「担保と保証がなしなら、お借りします」と言ってみてください。

「いやぁ、それはちょっと」と言ってくるでしょう。

それなら、「じゃあ、よそで検討しますのでけっこうです」「他社さんは、無担保・無保証で借りていると聞きました」「他行から提案が来ているので、ちょっと比較する時間をください」などと伝えるのです。

そう言わなければ、銀行はこれまでどおり、担保・保証を要求してきます。

❖…金融庁からも保証人を外すよう指導されている

ご存じの方も多いと思いますが、2013年12月に金融庁から「経営者保証に関するガイドライン」が公表され、その運用が2014年2月1日からスタートしています。

簡単に言えば、「**経営者保証を求める銀行の社内基準が以前より緩くなった**」ということです。

もちろん、先の3条件を満たしていることは必要ですが、個人保証が外れる可能性は以前より高くなっています。

金融庁から銀行には「このガイドラインを積極的に活用しろ」とお達しも出ています。そのガイドラインには、すでに交わした契約についても、こう書かれています。

「(既存の契約の解除、変更等の申入れがあった場合は)改めて、経営者保証の必要性や適切な保証金額等について、真摯《しんし》かつ柔軟に検討を行うとともに、その検討結果について、主たる債務者及び保証人に対して丁寧かつ具体的に説明することとする」

このガイドラインは、銀行にとって法律的な拘束力はありません。しかし、銀行を監督している金融庁からのお達しであるため無視もできません。

近畿地方でホテル業を営むB社の経営者から、「個人保証が外れました」という報告が入りました。政府系金融機関で、過去の個人保証を外すことに成功したのです。保証人が外れるのには、交渉から数カ月かかりました。

最初、金融機関の反応は「その制度は始まったばかりで、実は私どものほうでもまだ理解不足のところがありますので、一度持ち帰ってから対応させていただきます」という先延ばし的な応対でした。

そして、当然、そのままなんの連絡もないという日が続きました。

そのため、B社は「個人保証を外す件はどうなっていますか？」と、何度も要請したのです。

そうしたやりとりを何回か繰り返した末に、「それでは、外すことで対応させていただきます」となったのです。金融機関としては、先延ばしにしようとしたのでしょうが、何度も要請があるので、保証を外す対応を決めたということでしょう。

やはり、繰り返し要求することが大切なのです。

1行でできれば、それが突破口になります。銀行は横並びの世界です。「○○銀行は外してくれた」となれば、外さざるをえなくなります。

それでも拒むなら、「○○銀行が外して、△△銀行は外さないということがあるのか。金融庁に尋ねてみます」と、やんわり言ってしまえばよいのです。

図⑬ 借入条件は緩くなっている

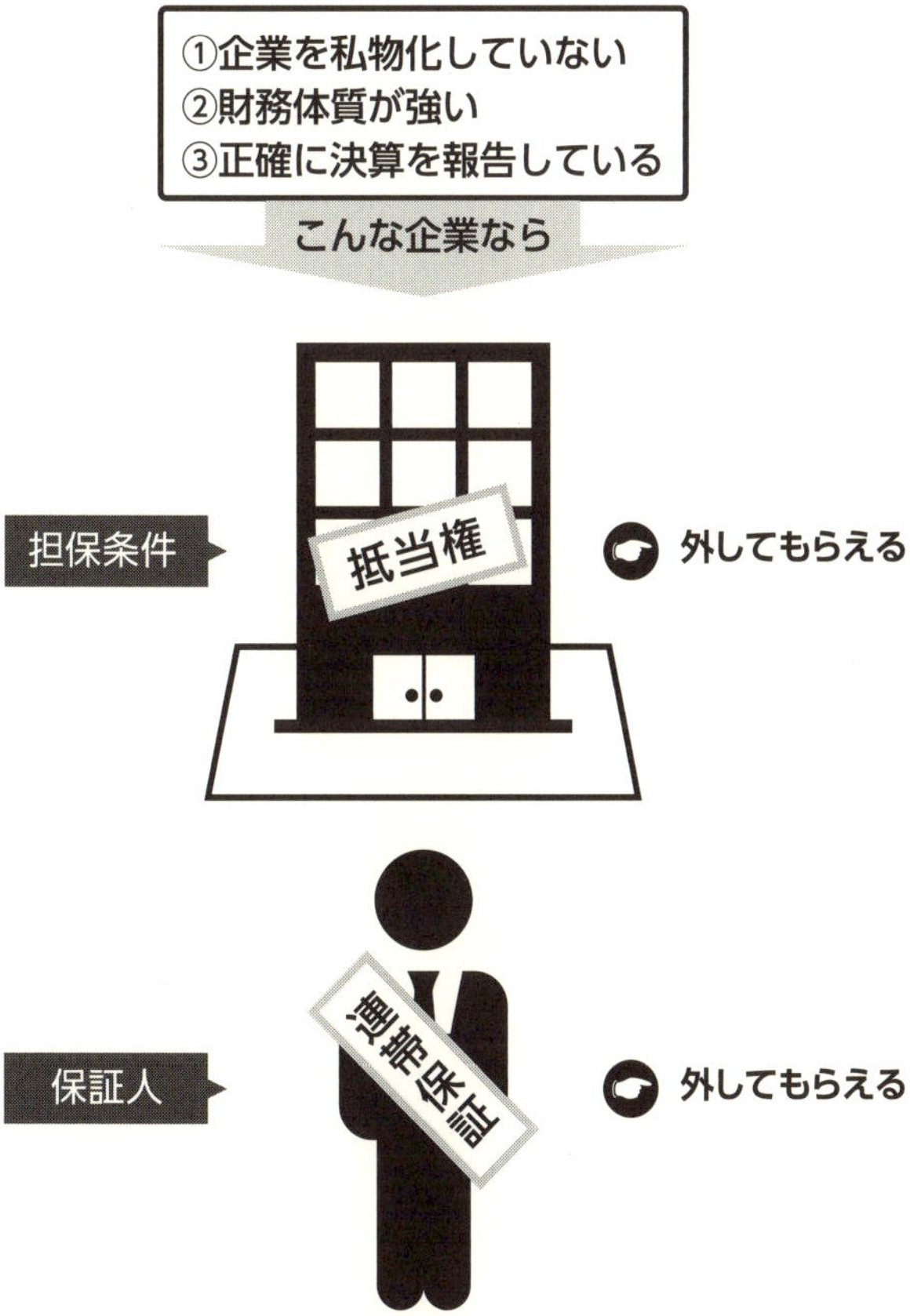

銀行と交渉して、担保も保証人も外してもらおう！

銀行との交渉はこうしなさい1【金利編】

こちらが銀行交渉に慣れていないとわかると、銀行側は一枚上手《うわて》になります。自分たちにとって有利な貸し出しになるよう強気で交渉してきます。交渉に慣れていない担当者や、昔のままの感覚で銀行と付き合っている担当者は、銀行の交渉にまんまとのみ込まれてしまいます。

そうならないためには、銀行の攻め方を知っておく必要があるのです。

❖……「ダメならよそにお願いします」で交渉する

銀行というのは、ときに強気に出てきます。中国地方で鉄鋼商社を営むY社では、メイン銀行との激しい金利交渉の末に、銀行担当者からこう言われました。

「そうですか……。御社とは長いお付き合いですが、そこまで金利を下げてほしいとおっしゃるなら、御社との取引を見直す必要がありますね。現状の金利だと、ほかの銀行から借りるというわけですね」

この発言に、Y社の交渉担当者は怒りがこみ上げてきました。しかし、ここで相手の術に流されてはいけません。

ここは平然と「そういうことです。よそから借ります」と返しました。もちろん、内心はヒヤヒヤです。

メイン銀行の担当者は、まさかそう返答されるとは思っていません。明らかに動揺しているのがわかりました。その日は、お引き取り願いました。

すると、数日後、メイン銀行の上司と新たな担当者が頭を下げてやってきたのです。金利も大きく下げて提示してきました。

聞けば、先の交渉の銀行側の担当者が、その一部始終を上司に伝えたところ、「そんなことをして、うちの支店の融資シェアが小さくなったらどうするんだ！」と怒られ、担当から外されたそうです。

メイン銀行の中には、偉くもないのに、強気の発言をする人がいます。Y社の担当者は、そんな脅しまがいの発言に怯みませんでした。「よそから借ります」と言ってやったのが大きかったのです。

融資をしたい銀行なんていくらでもあるのです。お金に品質や機能の変わりはありません。**複数銀行と取引をして「ダメならよそにお願いするから」という強い姿勢で臨めばよ**

いのです。

❖…近隣他社の金利状況を聞いておこう

世間は狭いです。私がお付き合いしているG社に融資をしている銀行の支店が、その近隣の既知のQ社にも融資をしていたということがありました。

私「おたくの近くで○○業をしている企業が、A銀行の××支店から0・5%で借りたらしいよ」

G社「えっ、本当ですか。うちもそこから借りていますよ！」

私「え〜、そうなの。で、金利はいくらなの？」

G社「いやあ、軽く1%を超えていますよ」

金利が高かった企業の財務担当は、支店の担当者を呼びました。

G社「うちの近くに0・5%で貸している先があるって聞きましたよ」

銀行「えっ‼」

G社「御社は優遇金利ですって言っていたけど、実は全然違いませんか？」
銀行「いや、それは。財務内容などいろいろありまして……」
G社「確かにそれは違うだろうけれど、ちょっと差がありすぎるんじゃないの？」
銀行「決してそんなことは……」
G社「次は、いま営業に来ている○○銀行にも提案してもらいますよ」
銀行「ぜっ、ぜひうちも、もう一度検討してもらえませんか？」

このような交渉の結果、金利を0・5％まで下げることができたのです。

自社が取引している支店が、近隣他社にどれくらいの金利で貸しているのかという情報をつかむことは、大きな武器になります。「いつもよい金利で協力させてもらっています」「いつも優遇金利で対応させてもらっています」という言葉を鵜呑みにしてはいけないのです。

銀行との交渉はこうしなさい2【担保・保証人編】

年商約30億円のD社の話です。

借入金が多く、常に20億円を超える借入金がありました。同社は装置産業で、設備投資をするためにある程度の借入は仕方ありません。しかし、月商の9カ月分の借入額なので、借入過多になっています。もちろん、ろくに銀行交渉などしていなかったので、担保も個人保証もガチガチに取られていました。経営者も経理担当者も、とにかく銀行に頭が上がらないといった状況でした。

❖…資産を減らして格付けを上げる

そうした状況で、D社が私にSOSを求めてきました。

まず、D社の決算書をチェックします。B/S（貸借対照表）を見ると、無駄な資産がたくさんあることがすぐにわかりました。

P/L（損益計算書）を見ると、営業利益、経常利益は黒字です。業績が悪いというわけではありません。元金返済と利息の支払いで資金繰りが大変だったものの、決して資金ショート（不足）を起こす状況ではないと判断しました。

そこで、Ｂ／Ｓ（貸借対照表）に載っている不要な資産を整理することから始めました。長い間眠っている土地を子会社に売却しました。一部の建物は取り壊しました。現場で使っていない機械や備品は、業者に引き取ってもらいました。回収できない売掛金、貸付金は貸倒損失として処理しました。値下がりした株式は市場で売却し、使っていないゴルフ会員権は仲介業者に売却しました。Ｂ／Ｓ（貸借対照表）の資産リストラ（再構築）を徹底的に行ったのです。

こうすることで、たくさんの処分損を出すことができました。もちろん、処分損は、Ｐ／Ｌ（損益計算書）の特別損失に計上します。税引前利益が赤字になれば税金の支払いもなくなります。こうして生まれたキャッシュを返済に充てることで、借入残高を圧縮していったのです。

３年後、財務体質は一変しました。

決して簡単に進んだわけではありませんが、改革が進むにつれて、だんだんとよい循環になっていきました。借入額は、以前の半分ほどになりました。

❖…粘り強く交渉を続けるのが大事

B／S（貸借対照表）の整理を一通り終えたあとは、資金調達の指導です。

「この状況なら、担保・保証はなしで借りられますよ」

卑屈になって下手に出ていた、いままでの悪いクセを取り払う必要があったのです。

メイン銀行に行くと、B社の交渉担当者はこう言われました。

「これまでどおり、担保・個人保証をお願いします」

もしかしたらと希望を持っていたのですが、「やはり、うちは担保・保証を外すことができないのか」と、すっかり落胆してしまいました。

しかし、格付けが上がっているにもかかわらず、銀行員はとりあえず定番のフレーズとして担保や個人保証を求めてくるのです。通ればラッキーの世界です。

企業側はそれを当たり前と思わず、「もう要らないでしょう？」と突っぱねてください。

中小企業から担保・保証は取らないように、金融庁からお達しが出ているのです。

「金融庁から公表されている『中小・地域金融機関向けの総合的な監督指針』によれば、うちのような会社は、個人保証も担保も外せるのではないのですか？　外していただけない理由を詳しくご説明ください」

「金融庁の『金融モニタリング基本方針』では、〝金融機関は担保・保証に必要以上に依存するな〟と書いてありますよ」

実際に根拠文書をプリントアウトし、該当箇所にマーカーを引いて、それをB社の担当者に見せたうえで、こう言って再び交渉させました。

その後、数回のやりとりを通じて、銀行側の態度が軟化してきました。「これはいける」と思ったので、D社の財務担当者に次のように伝えるよう指導しました。

「実は、よその○○銀行から、担保も保証人も要りませんからと、営業マンが来ているのです。当社としては、長い間お付き合いさせていただいてお世話になっている××さんから引き続きお借りしたいと思っているのですが……。ご検討いただけないでしょうか？」

いまは、お金を貸したくて仕方がない時代です。「じゃあ、そちらでお願いしてください」とは、銀行も簡単には言えません。「ちょっと検討させてください」となりました。そのあとも粘り強く交渉した結果、3カ月後に担保・保証を外すことに成功したのです。

「三つ子の魂百まで」で、企業側のなかで長い時間をかけてつくられた銀行に対する意識は、そう簡単には変えられません。交渉で一番時間がかかるのは、企業側の意識を改めることです。しかし、これが変われば、会社にお金は自然とたまっていくようになります。

第4章

経理を変えれば、無借金経営になれる

銀行出身の経理部長にだまされるな

銀行出身者を採用して経理に配属し、銀行交渉を担当させているという企業をよく見かけます。

「銀行出身者だから、銀行の内情をよく知っているだろう」「少なくともその出身銀行には、なんらかの顔が利くだろう」ということを期待して採用するのです。しかし、実態は、期待外れだったということがほとんどではないでしょうか。

中部地方のO社の銀行交渉担当者は「銀行取引で一番大事なことは信頼関係だと思っています」と言っていました。地元の地方銀行出身者です。

これまで見てきたように、銀行は感情のレベルで信頼しているから「貸す」のではありません。一番大切なのは、企業の「決算書」なのです。それを武器に、銀行と交渉することです。

O社の借入一覧表を見てびっくりしました。借りている先は古巣の地方銀行の1行だけで、借入金利は2％近くもあったのです。

❖…銀行出身者は銀行交渉に強いわけではない

「恩返しをしないと」という心理は、銀行出身者の経理担当に見られがちのものです。以前勤めていた銀行への義理立てであったり、その頃の上下関係を引きずっていたり、銀行とのパイプがあることを示したいがための行為であったりするわけです。

このような傾向がある場合、先ほどのO社のように借入先が出身元の銀行に集中していきます。当然、金利交渉などほとんどしないので、高い金利で借りてきます。しかし、「私が来たおかげで銀行借入がスムーズになった」と本気で思っていて、経営者に対してもそのような雰囲気をにおわせています。

私はこれまで銀行出身の経理担当に数多く接してきました。その経験から言えば、**銀行出身だから銀行交渉に強いなどとはまったく感じません**。

むしろ、借りることとしか考えていないことが多く、銀行の立場もわかってあげようとするなど、弊害のほうが多いのです。

銀行出身でなくても、銀行交渉に強い人はいくらでもいます。安易に銀行出身者を経理担当として採用しないでください。

銀行出身者が経理担当の場合、その出身銀行との取引が多過ぎないか、金利が高過ぎないかをきちんと確かめていただきたいのです。

❖…とにかくスピードが遅い元銀行マン

銀行の実質的な定年は一般企業より早く、役員になれない人間は50歳前後で銀行を出なければなりません。その多くは、銀行の融資先に赴任することになります。定年間際の支店長の話題は、もっぱら「次にどこの会社に行くのか」なのです。大学生の就職活動みたいなものです。

中小企業は、大企業と違い、考えてから動くのではなく、考えながら動くことが求められます。トップが意思決定してから実行に移すまでのスピードが圧倒的に速いのです。

一方で、銀行は、稟議を書いてなんぼの世界です。物事を決めてから実行に移すまでに、とにかく時間がかかります。加えて、定年間際の銀行マンは、指示を出すことが中心で、自分の腰が重い人がほとんどです。

ですから、そうした人を雇うときは、よほど慎重に検討しなければいけません。

「銀行様さま病」にかかった経理マンの実態

70歳前後の経営者と接していると、過去の経験からか、「銀行に助けてもらった」という思いを強く持っている方がけっこういらっしゃいます。確かに、経済が右肩上がりの時代は資金需要のほうが大きいわけですから、資金調達難でした。中小企業が銀行から資金調達をすることが、現在よりもはるかに厳しい時代があったのです。

その時代を経験してきた経営者にとっては、「あのとき貸してくれたから、いまのうちがある」という思いが強く残っています。その経験から、「銀行様さま病」になり、それがいまに至っても抜けきれないことが実に多いのです。

❖……銀行に弱い経理担当者

銀行様さま病は、企業の経理担当者にもよく見られます。先にあげた銀行上位時代を経営者同様に体験してきたか、経営者に感化されているのです。経理担当者が銀行様さま病にかかると、「下手に出れば貸してもらえる」と思い込みます。

銀行様さま病の経理担当者には、「もし借りられなかったら、最後に矢面に立つのは自分なんだ」という被害者意識がどこかにあります。波風を立てたくないと思っているし、銀行ににらまれたくないのです。だから、下手に出るのです。

しかし、銀行が貸すか貸さないかは格付け（スコアリング）による財務体質の評価がものをいいます。格付けのよい企業には貸したいし、悪いところには貸したくないだけです。

「そんな身勝手なことをして、銀行に何と言われるのか……」

これはX社で、担保に入れていた土地を関連企業Y社に売却しようとしたときに、ある経理マンが言い放った迷言です。X社は、Y社に売却して得た資金で借入金を返済しようと計画していました。

銀行様さま病の経理マンにとってみれば、「担保に入っている物件を売ることはできない。そんなことを決めて銀行から見放されないだろうか」と思ってしまうわけです。

しかし、銀行はたいていこう言います。

「どうぞ進めてください。Y社での調達もぜひ協力させてください。丁寧にご説明に来ていただき、ありがとうございます」

あまりのあっけなさに、経理マンは拍子抜けしてしまいます。これまで説明したように、

図⑭ 銀行様さま病の特徴

- □ 銀行に恩義を感じている
- □ 銀行からお金を借りられることが第一だと考える
- □ 担保・保証人は当然だと思う
- □ 無借金にしたら、もうその銀行から借りられないと思う
- □ 銀行にペコペコしていれば、資金調達しやすくなると考える
- □ 銀行からの要請は仕方がないとあきらめている

こんな症状にかかっていませんか?

銀行借入はいまや担保も保証もいらない時代です。格付けがよい企業は、交渉によって外すことができるのです。

❖…手持ちの銀行株を売ってもかまわない

「これがあるから貸してくれるんですよ」

銀行の株式を大量に保有し、その一方で、負債にはその金額に相当する借入金を抱えている。そんなC社の経理マンの迷言です。

「資金繰りが苦しいのだから、売ってしまえばいいじゃないですか」と進言したときに、この迷言が出てきました。取引銀行の株式を売ったからといって、銀行の存在をおびやかすほどの株数ではありません。取引銀行のホームページや有価証券報告書（上場している場合）で、その銀行が発行している株式数を確認してください。御社が持っているのは何株ですか。銀行からしたら、御社の持っている株式数など取るに足らない数なのです。

「うちの銀行の株を保有してくれているから、融資をしてあげよう」と判断する銀行はまずありません。いくら株を持っていようが、格付けが悪ければ、銀行はお金を貸してくれません。第2章で説明した定性的要因にも、定量的要因にも、銀行株式の保有に関する評価項目はありません。

しかし、銀行様さま病の経理マンはそのように信じ切っていますから、株を売却することが進みません。そして、結局、さらなる借入をしてしまうのです。

「株式を売却したり、無借金にしたら、銀行との関係が途切れてしまって、次から借りられない」という自己暗示にかかっているのです。銀行にとってみたら、本当にありがたいお客さんです。一刻も早く保有株式を売り払い、悪い自己暗示から解放させなければいけません。その株式を持っていても、お金はたまっていきません。株式の売却資金で借入金を返済したり、次の成長へ向けて投資をしてほしいものです。

❖…どんどん資料を提出する経理に気をつけろ

複数の銀行から融資を受けている四国にあるE社でのことです。どの融資も妙に金利が高いのです。だいたい3％くらいの金利で、ひどいところだと4％です。

経理担当者は、長年勤務している総務部長でした。「うちの業界では、こんなもんですよ。これでも昔より下がりました」と平気な顔でいるのです。

どうもおかしいと思って調べてみると、大変なことが判明しました。その担当者は各銀行の担当者に、融資を受けている各銀行の金利一覧表を毎年渡していたのです。

これでは金利が下がらないわけです。複数の銀行から借りているというのは、複数の仕入先から仕入れているということです。どの仕入先からいくらで仕入れているかという資料を、各仕入先に渡しているのと同じことです。

その総務部長の頭の中には、「借りなければならない」ということしかありませんでした。さらに、「借りられなかったらどうしよう」という不安がそうさせたのです。銀行様さま病が進行して、金利一覧表を恒例行事のように渡していたわけです。金利が高いとか安いとか考えたことなどなかったのです。

銀行にとってみたら、こんなにおいしい資料はありません。ライバル銀行の手の内が見えるのです。だから、どこの企業からでももらっているかのごとく「今年も金利一覧表をいただけますか」と平然と要求していたのです。そして、銀行間で口裏を合わせたかのように、高金利が並んでいたのです。

銀行からは、さまざまな資料の提出が求められます。必要なものならいいでしょう。しかし、経営者の知らないところで、不必要な資料を経理担当者が何も気にせず渡しているということもあるのです。

経営者以外の方が銀行と折衝をしている場合は、銀行からどのような資料提示を要求されたか、実際にどの資料を渡したのかを自分の目と耳で確認してください。衝撃の事実が発覚するかもしれません。

銀行は金融庁様さま病です

経営者や経理マンが銀行様さま病にかかるように、銀行にも頭の上がらない組織があります。それが金融庁です。言ってみれば、**銀行は金融庁様さま病なのです。**銀行取引というのは、各銀行がそれぞれ好き勝手にお金を貸しているわけではありません。金融庁からさまざまなお達しやマニュアルが出ているのです。

❖…中小企業への融資を促している金融庁

金融庁は、とくに中小企業向け融資に関して、銀行にいろいろなお達しを出しています。その姿勢は「積極的に中小企業に対して融資しなさい」というものです。88ページでご紹介した「中小・地域金融機関向けの総合的な監督指針」や「金融モニタリング基本方針」もその1つです。そのようなお達しに背くような事実がわかれば、銀行は金融庁から目をつけられることになります。悪質な場合は、業務改善命令などの処分が出され、銀行にとっては大きな痛手になるのです。

また、金融庁は、定期的に銀行に対して検査に入ります。「金融検査マニュアル」に沿って融資などに関する書類をくまなく調べて、違法なことをしていないか厳しくチェックするのです。銀行からしたら、これは本当にイヤなことで、相当のプレッシャーになります。

❖…金融庁はどんな指導をしているのか

「金融モニタリング基本方針」に関していえば、2014年9月公表分には、重点施策としてこう書かれています。

「金融機関は、財務データや担保・保証に必要以上に依存することなく、借り手企業の事業の内容や成長可能性などを適切に評価し（「事業性評価」）、融資や助言を行い、企業や産業の成長を支援していくことが求められる」

また、中小・地域金融機関に対しては、次の点を重点チェック項目にしています。

「**担保・保証に必要以上に依存しない、事業性評価に基づく融資**（経営者保証に関するガイドラインの活用を含む）**を促進するため、具体的にどのような取組みを行っているか**」

「保証債務の整理に当たって、経営者等からの相談にはその実情に応じてきめ細かく対応し、必要に応じて外部機関や外部専門家とも連携しつつ、**経営者保証に関するガイドラインの積極的な活用に努めているか**」

キーワードは「事業性評価」で、ポイントは次の2点です。

①財務データ（定量的要因）に必要以上に依存しない
②担保・保証に必要以上に依存しない

①は融資をする際に定量面（数字）ばかり追いかけず、目利き力をつけなさいということです。しかし、ここはすぐに変えられるでしょうか。

「人は見た目が9割」と言いますが、やはり、会社も見た目（決算書）が9割です。未来は過去の延長線上にあると考えれば、結局、将来の事業を評価するときにも、過去の実績（決算書）、つまり定量的要因がものをいうのではないでしょうか。

これに対して、②ははっきりしています。担保、個人保証をガチガチにつける時代ではなくなってきているのです。

税理士が税務署を気にするように、銀行は金融庁に目をつけられたくありません。金融庁から指針が出されたという事実を使って、銀行交渉をしていただきたいのです。

不要な儲け話に乗ってはいけない

これまで長々と銀行対策について説明してきました。この行き着くところが「無借金経営」になります。無借金が厳しいという業種もありますが、少なくとも余計な借金をしてキャッシュフローを悪化させることは避けてほしいのです。それでは、ここから無借金企業になるために、どんなことをしていかなければならないかをお話ししましょう。

❖…本業以外で儲けることなど考えるな

経営者は、基本的に、儲け話が大好きです。そういうエネルギッシュな人だからこそ、会社を大きくできたのです。しかし、それが本業とは関係のない、単なる儲け話となると、話は別です。単なる趣味や、ばくち同様の世界に近づいてはなりません。そのために借金を増やすなど言語道断です。

一番多いのは、値上がりする土地や株式への投資です。銀行担当者はさまざまな案件を持ちかけてきます。

「これから上がりそうな土地がありますけど、いかがでしょうか」

「ここの外国債券は、いまが買いどきですよ」

「いまなら10年先まで、1ドル○○円で買い付けできますよ」

こんな投資話がお好きな方は、身を乗り出して話を聞きます。

「いやー、実に魅力的だ。しかし、カネがいるなあ」

「ご安心ください。社長のところなら○億円まで○%で融資させていただきますから」

こう言われて、たいていは引きずり込まれます。銀行は、どの経営者がそのような話を好きかがわかっています。だから、「真っ先に社長にお伝えしようと思いまして」「社長には金利を優遇させていただきますので」と、うまく言い寄ってくるのです。最初は非常に魅力的に聞こえます。「経営者は即断即決だ」というポリシーの下、あっという間に契約です。

これまで本当にたくさんの企業とお付き合いしてきましたが、そのような話に乗って、儲かったという声を聞いたことがありません。「銀行にやられました」となるのがオチなのです。嘘をついてだます銀行は、コンプライアンス（法令遵守）に違反しているのですよ。

❖…B／Sを膨らませてはいけない

投資をすると、B／S（貸借対照表）の左側に、余計な資産を抱えることになります。

B／S（貸借対照表）をご覧ください。土地がたくさんある、有価証券や会員権が数千万円あるなんてことはありませんか。右側には、これに見合う借入金があるはずです。もし、そういうものがあれば、いますぐに売却、解約してしまうことです。本業になんのプラスにもなりません。

また、少しお金があると、自社ビルを建てようとする経営者がいますが、それは本当に必要でしょうか。自社ビルを持つのが夢だなんて経営者も多いのですが、私は反対です。とくに、借金をしてまで自社ビルを建てるなど絶対やめるべきです。自社ビルを建てても、儲かるわけではありません。それは、単なるミエというものです。賃貸で十分です。

少し儲かったくらいで、高級外車を乗り回す経営者が多いのにも困ります。そういう経営者は一躍ときの人となり、マスメディアにもバンバン出演します。イタリア製の高級スーツや何百万円もする高級腕時計で身を包み、隣には必ず美人秘書がいます。

みなさんの頭に思い浮かんだ企業は、いま頃どうなっているでしょうか。つぶれていませんか。経営者が逮捕されていませんか。ろくなことはないのです。

簡単に儲かる方法などないし、ミエではメシは食えません。無借金企業を目指すなら、まずはこのことを自覚しなければいけません。

図⑮ 不要な資産を見つけよう

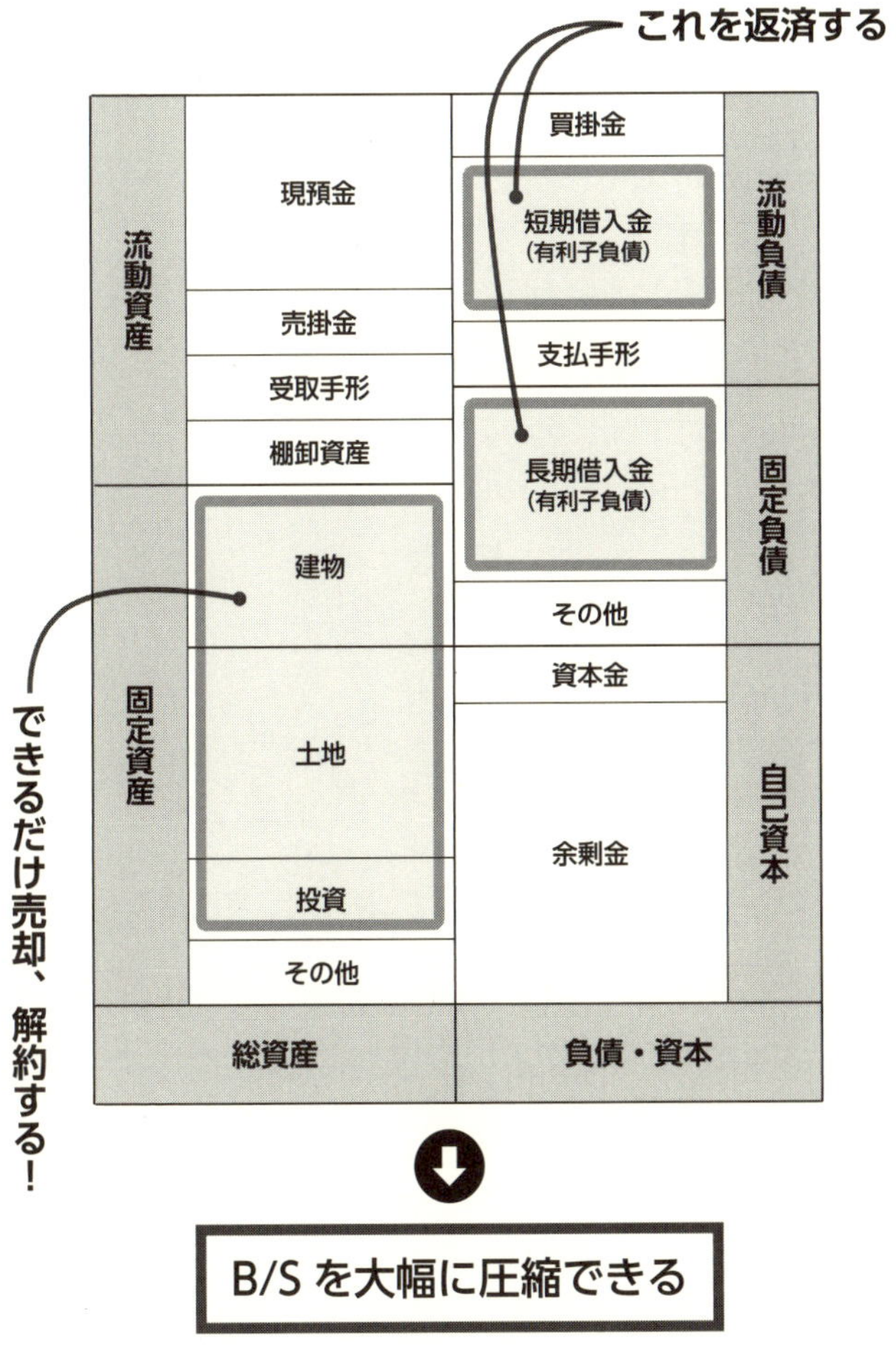

「身内に経理を任せるな」

経営者の奥さんや親戚の誰かが経理を担当しているという企業がときどきあります。銀行交渉のことや財務のことをよく勉強されている人なら、それはそれで心強い存在です。しかし、そんなことはあまり考えず、ただ「お金のことだから身内に任せて安心だ」くらいの感覚の経営者も少なくありません。

そんな話を聞くと、無駄な借入や不正、横領などをしていないかと考えてしまいます。なぜなら「身内だから、かえって安心できない」という私独自の経験則があるからです。

❖…身内だとチェックが甘くなる

経営者の身内が経理をしている場合、こういう質問をします。

「どうして身内の方に経理を任されているのですか？」

すると、概ね次のような答えが返ってきます。

「身内なら、間違いがないと思って」

次に、このような質問を投げかけます。

「ところで、いま銀行から何%の金利で借りていますか?」「現預金は月商の何カ月分置いていますか?」「なぜ定期預金をされているのですか?」「簿記は何級ですか?」

はっきりした答えが返ってくれれば、問題ありません。「どうだったかな。とにかく経理関係は彼女（彼）に任せていますから」という返事が返ってくれば、これは要注意です。

私は、なにも頭ごなしに「身内に経理を任せるな」と言っているわけではありません。この問題の本質は、「身内だから安心だ」と思って、任せっぱなしにしてしまうことです。「身内なら絶対に裏切らない」との思いから、自然とチェックが甘くなる、あるいはチェックをしなくなるのです。

前章で説明した銀行様さま病は、身内に経理を任せている企業に多いのです。また、一般的に、女性は男性に比べて臆病で怖がりです。銀行員との駆け引きが苦手で、言われるがままになってしまいます。「何かあったら怖いから」という理由で、必要のない借入をし、預金通帳を眺めながら「これだけの現金があるから安心」と思っているわけです。

❖…不正や不備の温床になっている

さらに困るのは、銀行様さま病にかかっているだけでなく、その人が横領や着服をする場合があることです。身内であろうと、嫁であろうと、息子であろうと、その人の心のなかがどうなっているのか、他人にはわかりません。少し魔が差したときに、なんのチェックもないから、「これなら大丈夫だな」と考えて、さらに大きな闇の心が動き出すのです。そうなると、もう歯止めが利かなくなります。

実は、第1章に登場した貿易会社T社の経理担当者は、経営者の奥様だったのです。不幸にも病気で急逝されました。もっと不幸だったのは、その直後、複数の取引銀行から、経営者のもとに連絡が入ったときでした。

「こんなときになんですが、契約いただいていた外国債券のことでご相談があります」

経営者の知らないうちに、銀行に言われるがまま、経理担当の奥様は、長期の外国債券のデリバティブ契約を結んでいたのです。経営者の知らぬ間に、多額の借入金をして契約していました。経営者は、銀行印を押すものの、ノーチェックでした。含み損は年商相当の5億円、年間利益の10年分にも達しました。にっちもさっちもいかなくなって、私のところに相談に来られたのでした。

こうした例は、枚挙に暇がありません。無駄な借入、金融取引、不正、横領、いずれも無借金経営からは遠ざかります。経営者の方々には、くれぐれもこうしたことに注意していただきたいものです。

よい銀行、悪い銀行——どんな銀行と付き合えばいいのか

銀行も仕入業者の1つと考えれば、健全な銀行と取引したいと誰もが考えます。しかし、いまは銀行過多の時代です。これからの時代、取引していた銀行が破綻する可能性は十分ありえます。

毎年、週刊誌では「危ない銀行ランキング」などのタイトルで、銀行の格付けをしています。ぜひとも、こうしたランキングに目を通してください。

自社の取引している銀行は、何番目にランキングされているでしょうか。上から数えたほうが早いなんてことはありませんか。危ない銀行というのは、利益を稼いでいません。財務体質が脆弱です。取引条件に関して、いまは問題がなくても、やがては銀行に有利、自社に不利になっていきます。

❖…銀行再編に備えておこう

地方銀行や信用金庫は都道府県に複数あり、過当競争になっています。これはこれで、

借りる側からすればメリットもありますが、長期的に見たら、銀行の健全性も見極めておく必要があるのです。

今後は確実に銀行淘汰《とうた》、銀行再編の時代がやってきます。そのときに、つぶれる、あるいは吸収される銀行をメイン銀行にしていたら大変です。

「なんとかして借り換えなければいけない」「融資をつながなければいけない」と必死になり、銀行様さま病が復活してしまうのです。無借金は夢のまた夢になります。そうならないためにも、自社と取引している銀行の経営状態をときどきチェックしておいてほしいのです。

❖…越境支店との取引がオススメ

私がオススメしているのは、そういったランキングで上位に入っていない銀行の越境支店とお付き合いすることです。

越境支店というのは、本店を置いている都道府県をまたいで出店している支店のことを言います。いまや東京にも四国の銀行が進出しています。それだけ貸出先に困っているということでしょう。

なぜ越境支店がよいのかというと、そういうところは、新規融資先の獲得やシェア拡大

図⑯ 優良な銀行と取引する

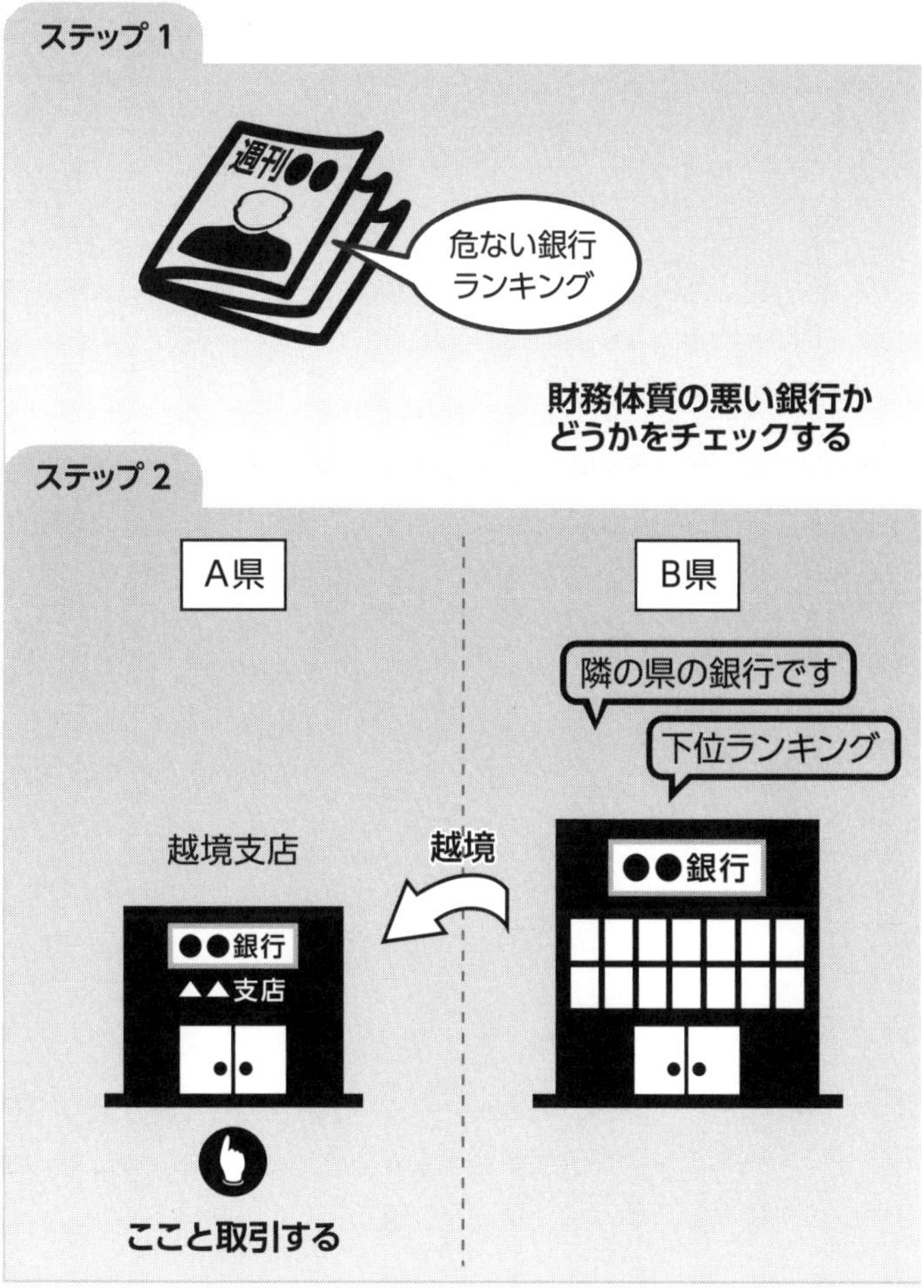

にとくに力を入れているからです。つまり、なんとかして新たな融資先を確保しようと、通常に比べてよい条件で取引に応じてくれる可能性が高いのです。

実際に、こんなことがありました。

東北地方でスーパーマーケットを7店舗展開しているN社の話です。最初は、こういった話をしても、「それは都会の話でしょう。私のような山奥の田舎では、そんなことはできっこない」と、信じてくれませんでした。

ところが翌週、中部地方に本拠を構える地方銀行の担当者がやって来たのです。

嘘も方便だと、「うちは無担保・無保証という条件でしか取引するつもりはありません」と言ったのです。内心はドキドキですが、堂々と伝えました。

すると、どうでしょう。

「けっこうです。よろしくお願いいたします」との回答です。これには、その経営者もひっくり返ったそうです。実際にこういうことがあるのです。

ランキングや地域を考えながら、したたかに取引すべき銀行を考えていくべきです。

「政府系の金融機関と付き合いなさい」

もう1つ、私がオススメするのは、政府系の金融機関とお付き合いすることです。みなさん、三菱、住友、みずほなどのメガバンク（都市銀行）と付き合いたがりますね。ときどき「メガバンクの役員と食事に行きました！」と舞い上がって話をされる方もいますが、私は「それがどうした」と思ってしまいます。

中小企業には、中小企業が付き合うべき銀行があるのです。身の丈に合わない銀行とばかり付き合っても、よいことはありません。

私は政府系金融機関とお付き合いすることを勧めています。

政府系には、日本政策投資銀行、商工中金、日本政策金融公庫などがありますが、中小企業が付き合うなら、日本政策金融公庫が一番オススメです。

なぜなら、次のメリットがあるからです。

①預金を預けなくても借り入れできる

②金利が低く借りられる
③長期にわたって借りられる
④苦しいときに、支払いを待ってくれる（リスケに応じてくれる）
⑤人間的な付き合いなどという情にからまない
⑥制度付融資で補助金付きの場合、金利がゼロになる

政府系は、民間銀行とは違って完全な営利企業ではありません。とくに、日本政策金融公庫は、そもそも中小企業の資金調達を支援することが目的ですので、民間の銀行よりも〝中小企業の味方〟なのです。

❖…取引銀行に政府系を加えよう

近畿地方のP社では、大型の設備投資のため、5億円の資金が必要でした。メインバンクの地方銀行から提示された条件は、金利が1・5％、信用保証協会までつけることでした。とても受け入れられる条件ではないため、粘りに粘って交渉していたところ、それを横目で見ていた日本政策金融公庫が、信用金庫が協力することを前提に、はるかによい条件で融資をすると提案してくれました。

経営者は、これまで「付き合うなら地元の銀行で」という意識が強かったのですが、「これからは選択肢を幅広くします」と反省していました。

ご存じのとおり、金融機関といっても種類があります。都市銀行、地方銀行、第二地方銀行、信用金庫、信用組合、政府系です。

都市銀行は、貸すのも引くのも早いのが特徴です。信用金庫は、ほかの金融機関に比べて金利が高くなりますが、地域密着的です。支店長にもよりますが、相談には親身に乗ってくれます。政府系では、昔は担保、個人保証、信用保証協会による保証を求められることが多かったのですが、現在では以前のように求めなくなっています。

それぞれメリット、デメリットがあるのです。

大切なことは、どこか1つに偏るのではなく、都市銀行、地方銀行、信用金庫、政府系など、付き合う金融機関をバランスよく構成することです。

繰り返しますが、銀行はお金の仕入業者です。「近くにあるから」「たまたま営業に来たから」「大きいと安心だから」と、あまり深く考えずに、なんとなく取引を継続するのはよくありません。

一度、自社の取引銀行の一覧表を見て、そのままでよいか検討してください。そして、その一覧表に政府系が入っていなければ、ぜひとも追加することを検討してください。

簡単な資金繰り表で、日々の資金繰りが楽になる！

資金繰り表を作成することも、無借金経営への階段を上るためには必要なことです。資金繰り表は、日次、週次、月次のレベルがありますが、ふつうは月次の資金繰り表で十分です。当然ながら、お金は毎日のように動きます。5、10日には入金も出金も膨らみます。そのときどきの資金の残高がいくらになるか、それを把握するのが資金繰り表の役割です。資金繰り表をつくらないと、いつ、いくらお金があるのか、ないのかが把握できません。把握できないと、現預金を多めに持とうとします。

❖…実質金利が高くなっていないかをチェック

私は、金利を表面金利と実質金利に分けて考えています。表面金利というのは、契約した借入利率です。そこから預金として置いてあるお金のことを考慮したのが、実質金利になります。計算式は次のとおりです。

実質金利＝（支払利息－受取利息）÷（借入金残高－預金残高）

これを計算すると、無駄な借入をしている企業がすぐにわかります。**無駄な借入をしている企業の実質金利は、非常に高くなるかマイナスになるのです**。表面金利が低くて満足していてはいけません。実質金利も抑えることが大切になってくるのです。

❖…資金繰り表はこうやって作成する

どんぶり勘定でお金を回している企業は、ぜひとも資金繰り表をつくってください。最初は、1カ月間の実績表をつくるところからスタートすればよいでしょう。慣れてきたら、今後の資金繰り計画をつくってみます。これをつくれば、いつ、どこで資金がいくらあるか、大雑把に把握できるようになります。3カ月先に資金が足りなくなることがあれば、早めに銀行に対して話をしておくのです。「急に資金が足りなくなった。まずい」と思って交渉していては、よい条件で借り入れできません。

資金繰り表のつくり方はインターネットで「資金繰り表」と検索すればすぐに出てきます。税理士、銀行に依頼してもいいでしょう。ただし、税理士も資金繰りにあまり詳しくないので、税理士頼みにせず、まずは自社でつくってみることが大切です。

資金繰り表で厄介なのは、なんといっても、入金・出金が読みにくいところです。不動産賃貸業のように、毎月一定の入金・出金であれば、半年先、1年先でもわかります。しかし、受注産業で、得意先によって回収サイト（締めてから回収するまでの期間）がバラバラで一定していない場合などは、なかなか把握しづらいものです。季節変動が大きい業種も同じです。

そういうときは、会計システムの入出金データを使って、過去の実績（回収サイト別の売上構成比率など）を計算し、入出金の特徴をつかんでいくしかありません。過去の傾向を丁寧に調べることで、未来の予測はできるものです。最初は時間がかかりますが、一度仕組みをつくり上げてしまえば、あとは繰り返しの作業になるのです。

そして、「回収は早く、支払いは遅く」するために、取引先と交渉してください。得意先（仕入先）別に、回収（支払い）サイトの一覧表を出してみると、思っている以上にバラつきがあるものです。同じグループ企業でも、サイトの長いところと短いところが出てきます。そういうところは、自社に有利になるように働きかけてほしいのです。

多くの企業で、回収サイト（条件）の短縮交渉や、支払いサイト（条件）の延長交渉が手つかずになっています。きちんと交渉すれば、応じてくれる企業は意外に出てくるものなのです。

図⑰ 資金繰り表のサンプル

(単位：円)

出納項目		月 計画	月 実績	月 計画	月 実績	月 計画	月 実績	月 計画	月 実績
営業収入(＋)	現金入金								
	売掛金の回収								
	受取手形の回収								
	ファクタリングの回収								
	前受金による入金								
	リベートの入金								
	その他の収入								
	小計								
営業支出(△)	現金支払								
	買掛金の決済								
	支払手形の決済								
	人件費の支払								
	販促費の支払								
	その他経費の支払								
	小計								
営業収支									
投資収入(＋)	固定資産の売却								
	投資売却								
	保険解約								
	貸付金回収								
	その他収入								
	小計								
投資支出(△)	固定資産投資								
	出資								
	保険支払								
	貸付金								
	その他支出								
	小計								
投資収支									
財務収入(＋)	短期借入金								
	長期借入金								
	手形割引								
	その他収入								
	小計								
財務支出(△)	短期借入返済								
	長期借入返済								
	その他支出								
	小計								
財務収支									
収支合計									
前月預金残高									
当月預金残高									

第5章

税理士任せでは、お金は絶対にたまらない

「税理士が財務に強いと思ったら、大間違い」

数多くの経営者とお付き合いするなかで、ビックリすることがあります。それは、多くの経営者が「税理士は財務に強い」と勘違いされていることです。

中小企業の経営者が税理士と話をすると、難しい用語や数字をつらつらと説明されます。そうすると、「やっぱり、すごいなあ」と勘違いしてしまうのも無理のない話です。

しかし、はっきり言って、税理士であることと財務に強いこととはなんの関係もありません。

財務に強くなるには、「どうしたら自社にお金がたまるのか」を考えることです。そして、お金をためる方法は、①キャッシュイン（収入）を増やすか、②キャッシュアウト（支出）を減らすかの2つしかありません。

本書の冒頭で述べたとおり、収入（売上）を増やすのは簡単ではありません。国内に基盤を置く中小企業にとって、国内人口が減少していくこと（総需要の縮小）、一方で競争相手が全世界に拡大していること（供給の増加）を考えれば、売上は現状維持でも合格点としなければいけません。それよりも、支出を減らすことを考えていただきたいのです。出ていくお金、とくにこれまで手つかずだった借金返済と税金支払いをコントロールするためにはどうすればいいかを真剣に考え抜く必要があります。

❖…税理士は銀行のことも税務署のこともよく知らない

ここで思い浮かぶのが税理士です。しかし、果たして彼らはこの2つをコントロールできるでしょうか。銀行や税務署のことを熟知して対策を取ってくれるでしょうか。

答えは「ノー」です。

税理士は、銀行のことも税務署のことも実はよくわかっていません。わかったように言うのが上手なだけなのです。

まずは銀行です。よく「銀行交渉を手伝います」と言う税理士がいます。ただし、それは上手に借りられるようにアドバイスしますというお手伝いなのです。せいぜい、制度融資のための資料作成とか、正確な決算書をつくるといったレベルにすぎません。

しかし、この発想は根本的に間違っています。

本来、お金を借りず、金利を払わないようにするのが一番です。御社の税理士は、銀行から借りなくて済むようなアドバイスをしてくれるでしょうか。「銀行から借りられるというのは、信用力がある証拠です」なんてことを言っていませんか。そんなことを言う税理士は決して財務に強くありません。

なぜ、そんな言葉が出てくるのでしょうか。それは、税理士自身に借入をした経験がないからです。だから、借入返済の怖さがわからないのです。

❖…税理士から節税の提案は期待できない

次に税務署です。税理士は、税務署の仕事（納税者から漏れなく税金を取ること）を補助する目的でつくられた資格です。ご存じのように、税理士免許は税務署から与えられています。そのため、税理士は、常に税務署を意識して、顔色を窺《うかが》っているのです。節税につながるようなアドバイスを積極的にすると、免許を取り上げられるとか、傷がつくとか、いろいろと考えてしまうのです。

だから、税理士から「こうすれば税金が安くなります。無駄なお金を払わずに済みます」という提案がなかなか出てこないわけです。

銀行借入を減らし、税金支払いをコントロールしなければ、お金は残りません。自社にお金を残そうと思えば、税理士に財務を任せっぱなしにしないことです。

「税理士は中小企業の経営実態をまったく知らない！」

「うちは、税理士に経営コンサルティングもお願いしています」という企業があります。しかし、中小企業の経営をわかっている税理士は少ないと思います。

人なし、モノなし、カネなし、情報なし……、中小企業は大企業に比べると、あらゆるものが足りません。ないないづくしの中小企業は、どうやって利益を増やしていけばいいのでしょうか。

利益を増やす方法は、5つあります。

「①売価を上げる」「②販売数量を増やす」「③原価を下げる」「④経費を下げる」、ここまでは簡単に出てきます。残る1つこそ、中小企業経営の肝なのです。それは「⑤**回転をよくする**」です。

少ない資産を使って、多くの売上を上げるということです。

繁盛している飲食店をイメージしてください。少ない席数ながらも、次から次にお客さ

図⑱　利益実現５つの原則

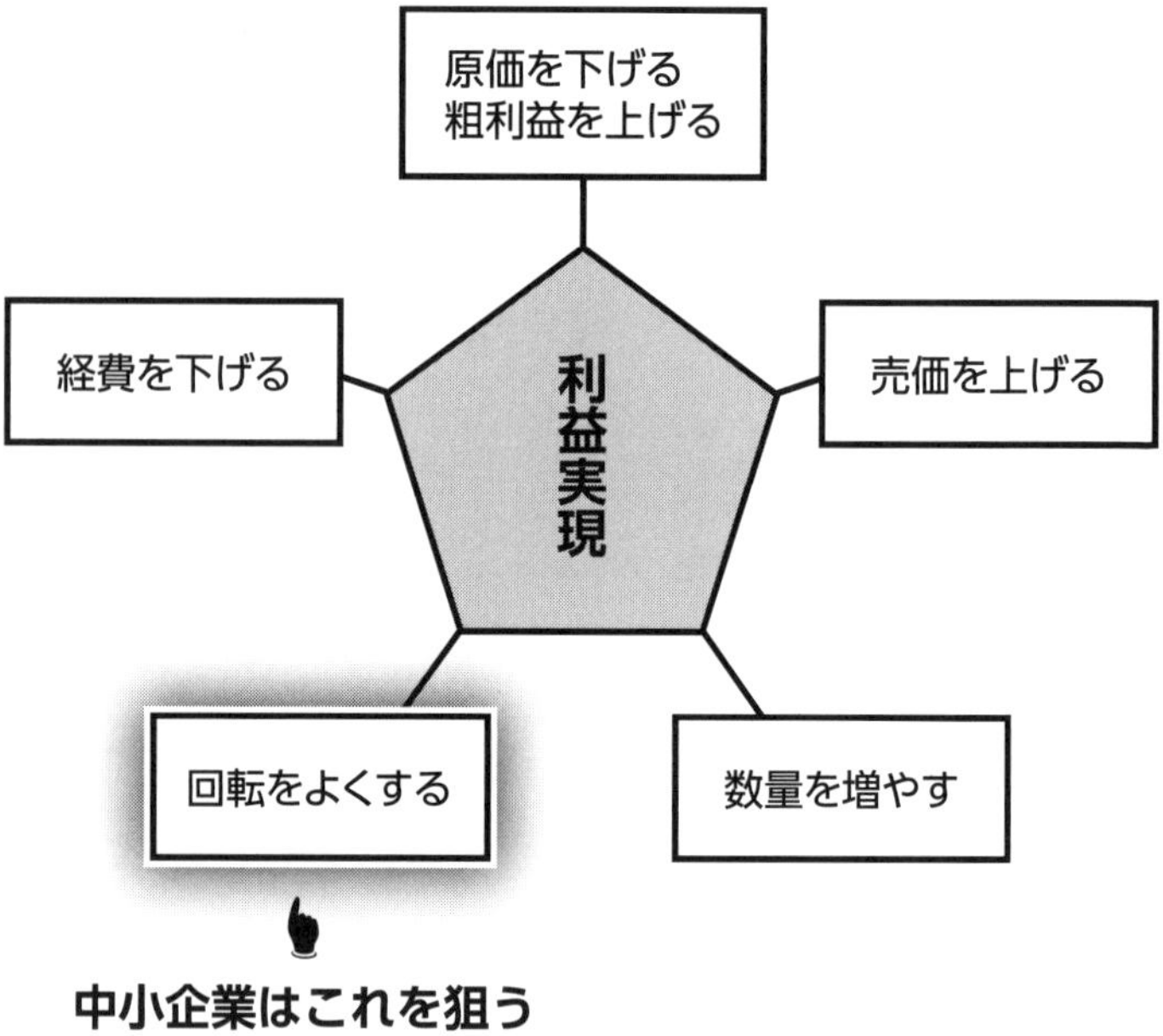

んがやって来て、座席の回転がよいでしょう。中小企業は、大企業に比べて小回りを利かせ、フットワークが軽くなければいけません。中小企業の経営も、高回転経営を目指すべきです。

❖…ROAで企業の体力を測る

私がコンサルティングをするときは、どんな企業でも必ず企業体力指数を測ります。

企業体力指数は、「**ROA（総資産経常利益率）×自己資本比率**」で計算します。

ROAとは、総資産を使って、どれだけ経常利益を上げたかを見る指標です。「経常利益÷総資産」で計算し、目標は10％です。

自己資本比率は、「自己資本÷総資産」で求めます。

自社が持っている資産は、すべて自力でまかないましたか？　それとも、銀行からの借入金等でまかないましたか？　自己資本比率は、総資産のうち、自分のお金や稼いだ利益で調達した資産（これを自己資本と言います）がどの程度あるかを見る指標で、目標は30％です。

つまり、少なくとも総資産の3分の1は、自分の努力でまかなってくださいということです。

ROA10%、自己資本比率30%、掛け算をして300が1つの目安です。

ROAは**図表⑲**のように分解できます。

左側は、売上高経常利益率です。これを重視している経営者、税理士は多いでしょう。

しかし、私はこれではなく、右側の指標を重視しています。

右側の指標（売上高÷総資産）は、「総資産回転率」と呼びます。これこそ、先の「⑤回転をよくする」の〝回転〟の意味なのです。

回転をよくするには、売上を増やすか、総資産を減らすかのどちらかです。

これまで説明してきたように、売上を増やすのは難しい時代になっています。となれば、総資産を少なくするしかありません。

そして、総資産を少なくするには、経営者が好きなP／L（損益計算書）ではなく、苦手なB／S（貸借対照表）を見なければなりません。

❖…自社の資産を査定しよう

少し話が逸れますが、最近は中小企業でもM&A（企業の合併・買収）が増えています。私の事務所にも、売る側、買う側の両方から相談者がやってこられます。

このM&Aにおいては、買う企業は必ず売られる企業の資産を査定します（デューデリ

図⑲ 企業体力指数とROA(総資産経常利益率)

	企業体力指数	=	ROA	×	自己資本
合格	300	=	10	×	30
目標	420	=	12	×	35

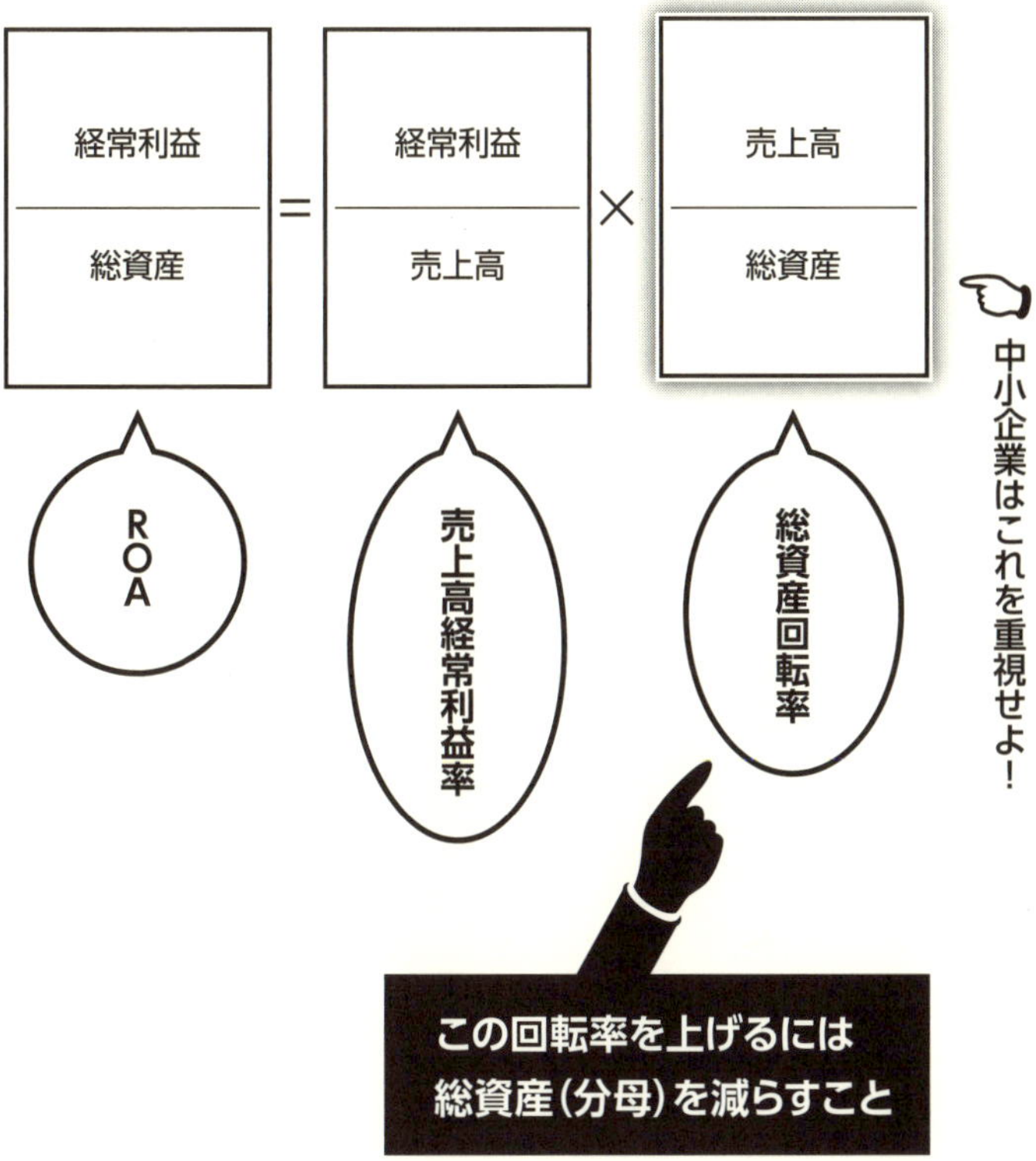

ジェンスと言います）。含み損を抱えた資産がないか、隠れた負債はないかを把握するためです。

これをすると、一見すれば自己資本があるように見える会社でも、資産は含み損だらけ、おまけに隠れ負債が見つかって、実は資産よりも負債のほうが大きい（債務超過）ということがわかる場合があるのです。要するに、企業のサビ落としをするのです。

この資産査定（デューデリジェンス）を自社でも行って、無駄な資産を減らしていけばいいのです。そうすれば、見違えるように回転がよくなり、企業体力指数がアップします。

これこそ、私がB／S（貸借対照表）を重視する理由です。

しかし、税理士には、回転を速めるという発想がありません。だから、税理士は「売上を上げよ、コストを下げよ」とP／L（損益計算書）から見たアドバイスしかできないのです。

もちろん、P／L（損益計算書）も大切です。しかし、回転主義が求められる中小企業では、P／L（損益計算書）よりも、B／S（貸借対照表）を見るべきです。回転主義の経営にシフトすることが財務に強くなる秘訣《ひけつ》なのです。

税理士に欠けているB／S思考

いろいろな企業のコンサルティングをさせていただき、各社の決算書を見ていると、税理士がP／L（損益計算書）しか見ていないことがよくわかります。いや、実はP／L（損益計算書）もじっくり見ていないことが多いです。

税理士は何のために雇われているかといえば、もちろん税金を計算するためです。その税金は1年間の所得をもとに計算します。そして、その所得は、P／L（損益計算書）の税引前利益をもとに計算します。つまり、税理士から見て一番大切なのは「税引前利益」を正確に確定することなのです。営業利益、経常利益、はたまたB／S（貸借対照表）をどう見せようと、税金計算には直接の関係はないのです。

❖……なぜ税理士は「税引前利益」しか見ないのか

税理士業界というのは、昔と違って飽和状態です。人が多過ぎて過当競争、ダンピング（税理士報酬の引き下げ合戦）の世界に突入しています。そうすると、量（申告件数）をこなすことでしかお金を稼ぐことができなくなっているのです。

日本の企業というのは、3月に決算が集中しています。その場合、5月末までに申告しなければなりません。税理士は、この短期間のうちに、たくさんの会社の税金を計算しなければいけないのです。すると、察しがつきますが、先の「税引前利益」以外はどうでもよくなってしまうわけです。

❖…税理士が見ないB/Sにこそ埋蔵金がある

昨今、中小企業が困っているのは、時代の流れのスピードが速く、顧客の好みが変わり、在庫商品が不良化し、得意先の倒産で引っかかり、工場の稼働率が低下し、使用しない機械が増え、土地も投資有価証券も含み損を抱えてしまっていることです。その結果、多くの資産が腐り出し、さびついているのです。しかし、残念なことに、これを処分して膿《うみ》を出す（損失を出す）という提案をする税理士はとても少ないのが現実です。

私は、売上よりも利益、利益よりもキャッシュ（お金）が大切だと説明しています。つまり、いかに「使えるお金」を生み出すのかが大切だと考えているのです。

いくら税引前利益が出ても、その半分近くは税金で持っていかれます。税引前利益が出ても、ボーナスや税金を払うためだけに借入をする企業や、あるいは、借入金がいっこう

図⑳ P/L よりも B/S が大事

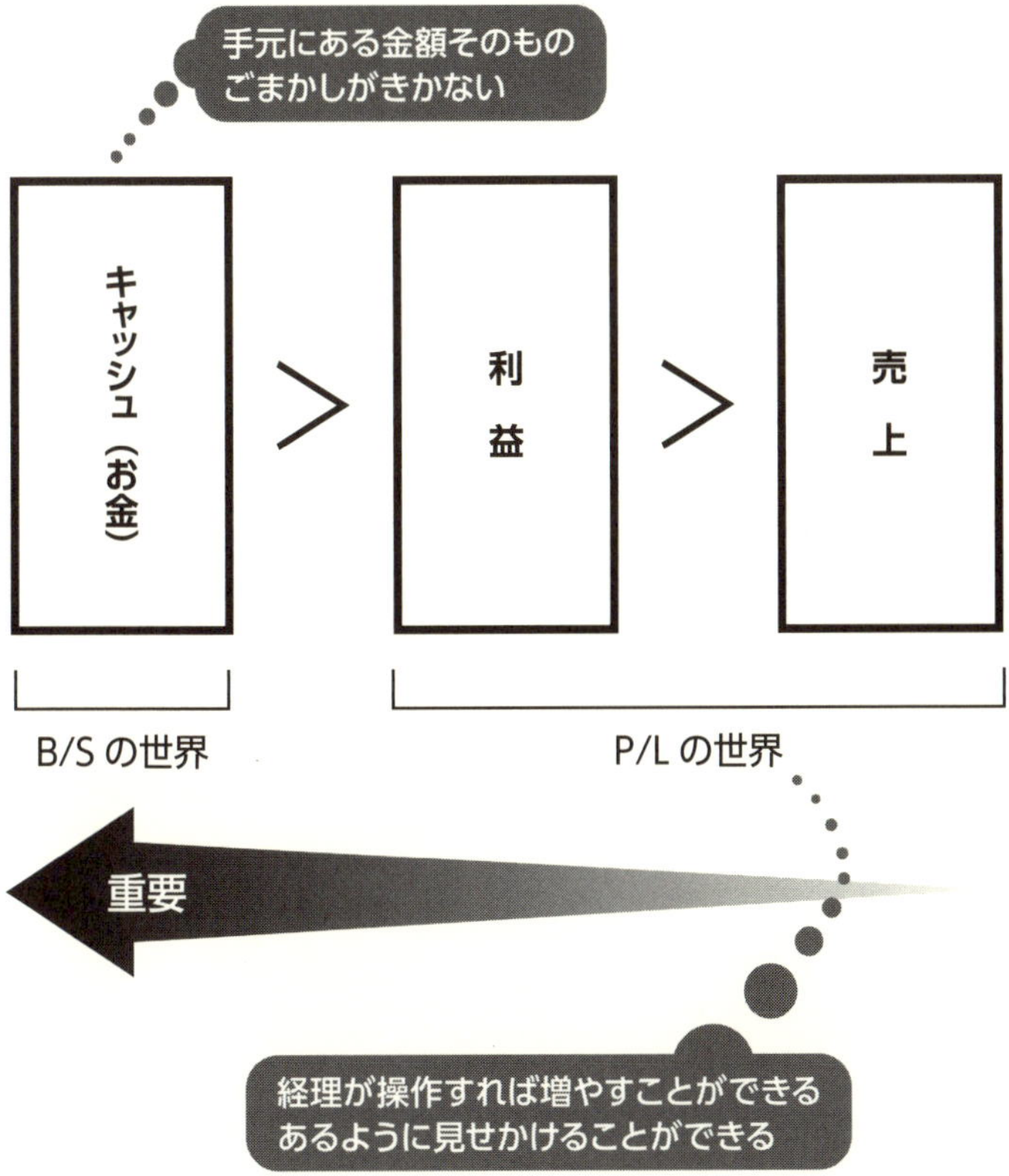
手元にある金額そのもの
ごまかしがきかない
キャッシュ（お金）
＞
利益
＞
売上
B/S の世界
P/L の世界
重要
経理が操作すれば増やすことができる
あるように見せかけることができる

に減らず、明日支払う約束手形を確実に落とすことに腐心している企業があるのです。

そういう顧問先があっても、何も問題にしていない税理士が多いのにはがっかりするばかりです。

会計ソフトから自動的に出てきた経営指標の分析資料を持ってきて、専門用語をちりばめて説明する税理士もいるでしょう。しかし、そういう説明も、どこかの本に書いてあるような説明という場合が少なくありません。「売上が……」「利益が……」「○○○率が……」というばかりで、B/S（貸借対照表）よりもP/L（損益計算書）を中心にした話になっているのです。

大切なことは、P/L（損益計算書）よりも、B/S（貸借対照表）をじっくり見ることです。P/L（損益計算書）は、その年だけの経営活動の結果を表します。それに対してB/S（貸借対照表）は、過去の経営活動の蓄積を表します。

誰も気づいてない会社の埋蔵金は、B/S（貸借対照表）にこそ眠っているのです。

❖…大まかにB/Sを把握しておきなさい

2008年のリーマン・ショックのときに、S社では売上が8割も落ちました。

そのとき、P/L（損益計算書）ばかり見て、「売上が落ちた」と騒いでも仕方ないのです。

売上が落ちようが、赤字だろうが、キャッシュ（お金）が回れば企業はつぶれません。

経営者が右往左往するなか、私は冷静にS社のB／S（貸借対照表）を見て、カネ回りを改善する対策を考えました。B／Sから見つけた埋蔵金を活用して、なんとか倒産を免れたのです。

あのときは、上場企業でさえ、資金確保のために普段使わない銀行を使って金策に走ったものです。こういうときには、P／L（損益計算書）を見ても、企業を救うことはできません。

経営者は、B／S（貸借対照表）の細部まで押さえておく必要はありません。大雑把でもいいので、自社の資産や負債にどんなものがあるか、何が大きく占めているかをまず把握することが大切です。

そのためには31ページで見たように、B／S（貸借対照表）を数字ではなく、図で考えることです（詳しくは、古山喜章著・井上和弘監修『経営者の財務力を一気にアップさせる本』（東峰書房）をご覧ください。B／Sの見方が身につきます）。

税理士の実態は「仕事は丸投げ、顔は税務署」

中小企業の経営者でもある私自身の感想として、また、コンサルタントとして関わる顧問先の経営者との会話を通じて、世の中の8割の経営者は自社の顧問税理士に不満を抱いていると考えています。税理士の事務所の先生が、普段はまったく顔を見せず（仕事は丸投げ）、そのうえ税務調査のときになったら、自社を守ってくれないこと（顔が税務署を向いている）が、そう考える大きな原因です。

第1章で税理士には3種類いると述べましたが、税理士には実はもう1種類いるのです。それは「税理士資格を持たない事務員」です。

税理士事務所は、税理士を雇うとコストが高くつくので、資格は持っていないけれど、経理がわかる人間を雇っています。その事務員が若手なら、税理士資格を取るために勉強中の人でしょう。反対に、中年であれば、資格はもうあきらめた人でしょうね。

大御所の税理士先生は、何に精を出しているかわからないけれど、なかなか顧問先企業に顔を出しません。来るのは事務員ばかりです。経営者の心情としては「うちは軽く見られている」と思うでしょう。

❖…自己保身に走る税理士の心理

税務は、常に白か黒か決着がつけられる世界ではありません。グレーゾーンが存在するのです。経験がない税理士であれば、そのとき四角四面に考えて、教科書に書いてあることをそのまま言うでしょう。しかし、教科書や参考書に載っていることを、そのままやるのなら税理士は必要ありません。いまはインターネットを見れば、そうした答えはすぐに手に入るからです。

「先生、今度、こういうことをしようと思っているのですが、問題ないですか？」と税理士に聞いてみます。すると、「そんなことをしたら税務署ににらまれます」とか「税務署から否認されます」と言われます。よく聞くやりとりです。

なぜ、税理士は何かあると、税務署を出してくるのでしょうか。それには、彼らの思考回路を知る必要があります。

そもそも、なぜ、彼らは税理士なのでしょうか。もちろん、税理士を目指して資格を取ったからです。では、なぜ、税理士を目指したのでしょうか。理由は人それぞれですが、「資格を取って手に職をつけたい」と思って、税理士を目指した人が大半です。

では、なぜ、資格を取って手に職をつけたいと思ったのでしょうか。

それは、「資格に守られたい」という考えがあるからです。私自身、税理士や公認会計士の知り合いがたくさんいます。いろいろな人と仕事をさせてもらいましたが、保身に走る人が実に多いです。「企業のため」と言いつつも、実際は、自分のキャリアに傷がつくのを恐れている人が多いのです。自分が責任を負うのがイヤなのです。だから、「税務署が……」と言いつつ、自分が税務署ににらまれるのを避けているのにすぎません。

❖…節税アドバイスは税理士の仕事ではなかった

私は、旧知の仲の税理士から、次のように聞いたことがあります。

「企業と税理士は税務代理契約を結んでいます。この契約は、法人税の申告書を作成して、税務署に提出することが主な内容です。税務相談も行いますが、節税コンサルティングや節税アドバイスは、税理士の税務代理契約の業務ではありませんよ。

もし節税アドバイスを求めるなら、あらかじめ依頼しておくか、別契約が必要になります。契約というのは、形式的なことですが、実際のところ、税理士は積極的なアドバイスをしたくないのです。なぜなら、自分で提案した節税対策が税務調査で否認されたら、責任を問われることになるからです。企業のためにと思って行ったアドバイスが失敗すれば、責その企業からの信用はなくなりますし、自分の税理士としてのキャリアにも傷がつくのです。そんなリスクの高いこと、誰が進んでするのですか。

節税をうまくやるには、規模、業種、現在の状況、将来の見通しなど、個々の企業に応じて対策を考えなければいけません。しかし、月に1回しか訪問しない、毎月の訪問すらしない税理士に、果たしてそういった節税対策を考えられると思いますか。何より、手間がかかるので、正直やりたくありません。つまりは、税理士に対して期待するのは、おかしいのです」

経営者の方にとって意外なのは、

①税務代理契約であって節税アドバイスは業務外である
②アドバイスして調査で否認されると信用を失い、税理士としてマイナス
③月に1回しか行かないので節税提案などできない

とはっきりと述べていることでしょう。

②の信用を失いたくないのは、誰に対してなんでしょうか。クライアント企業を愛し、

それに貢献しようとするなら、合法的な節税アドバイスは当たり前だと考えています。残念ながら、顔は税務署に向かっているのでしょうね。

③は月1回の訪問でも十分だと思います。

世の中の税理士は、脱税と節税の違いを理解していないのでしょうか。

何のために節税するのか。もちろん、会社にお金を残すのが目的です。しかし、もっと重要な目的があります。

それは、**「財務体質を強くして倒産しない企業をつくるため」**なのです。勘違いしてほしくないのは、**税務対策の目的は会社をつぶさないためにある**ということです。

会社をつぶさなければ、地域の雇用を確保し、取引業者にも安定をもたらすことができます。結局、それが国家の税収につながるのです。適切な税務対策を取ることが、大きな社会貢献につながるのです。ですから、合法的な節税はどんどんすべきです。そのためには、税金のことを税理士に丸投げにしないことが必要になってきます。

「税理士からは、節税提案は出てこない」

これだけは覚えておいてください。細かい知識は必要ありません。情報収集をこまめに行って、「先生、こういう制度があると聞きました。少し教えてくれませんか?」と、こちらから税理士を動かすようになっていただきたいのです。

「見た目の美しい決算書をつくりなさい」

顧問先の企業が年度末を終えると、仮決算の数字を見せてもらうことが多いのですが、そのとき気になるのは銀行による格付け対策です。融資を受ける企業は、銀行に決算書を提出すると、必ず格付けされます。この対策ができていない企業が多いのです。

39ページで説明したとおり、銀行は格付けによって、融資先として安全かどうか、つまり、利息をつけて融資をして、それを無事に回収できるかを機械的に判断しています。銀行は、できるだけ安全な企業に貸したいわけですから、格付けが高い企業ほど銀行に対しても交渉力が強くなります。

それなら、決算書を提出する企業側は、自社に有利になるよう、決算書づくりに知恵を絞る必要があるのです。

❖……営業利益を高めるための11のポイント

格付け評価を上げる方法はあまり知られていません。その原因は、顧問税理士にあります。先ほど述べたように、税理士は顧問先の企業の決算書が銀行からどのように見えるか、あるいは、どう見せたらよいかに気を使わないからです。

第2章の復習です。P／L（損益計算書）に載っている利益は、上から順に売上総利益、営業利益、経常利益、税引前利益、純利益でした。そして、各利益の間には、収益あるいは費用（損失）の項目がありましたね。

50ページで、銀行からの格付けを高めるには、営業利益を増やしなさいと述べました。営業利益というのは、売上高から、売上原価と販管費を差し引いて計算します。そうすると、この営業利益を高める方法は、次の3つしかありません。

①売上高を増やす
②売上原価を減らす
③販管費を減らす

さて、ここで実例を見てみましょう。お手元に自社のP／L（損益計算書）を用意してください。次のような会計処理を行っていないかどうかチェックしてみてください。

図㉑ 営業利益を大きくする

売上高	←①大きくする
(△)売上原価	←②小さくする
売上総利益	
(△)販管費	←③小さくする
営業利益	←①②③によって大きくなる
(+)営業外収益	
(△)営業外費用	
経常利益	
(+)特別利益	
(△)特別損失	
税引前利益	
(△)法人税	
純利益	

(1)家賃収入、業務受託料、ロイヤルティが営業外収益にある。
(2)使用見込みのない材料を廃棄したのに、売上原価として処理している。
(3)在庫一掃セールで通常より値引いた販売価格と正規価格との差額を、売上原価で処理している。
(4)棚卸時の理論在庫と実在庫の差額を、売上原価で処理している。
(5)出向、配置転換、転籍などに伴う人件費や経費を、販管費で処理している。
(6)地震や台風、大雨、大雪などの災害によって被害を受けた建物設備を修繕した場合、定期修繕と同じように、販管費に計上している。
(7)特別償却を行っていても、通常の減価償却費(販管費)と区別していない。
(8)建設業に代表される受注型産業で、コンペの結果、受注できなかったプロジェクトの準備(設計、企画など)のために投入した人件費や経費を、ほかの人件費・経費と区別していない。
(9)「役員退職金」を販管費の「退職金」として計上している。
(10)取引先との間で発生した訴訟関連の費用を、特別損失にしていない。
(11)大口の貸倒れが発生しても、販管費の「貸倒損失」で処理している。

❖…2つのアプローチで美しい決算書をつくる

いかがですか。残念ながら、どんな企業でも、たいてい1つは「イエス」があります。すべて「ノー」という企業は財務的に強い会社です。みなさんの会社でも、ぜひとも「ノー」と言える会社になってください。

これからは、決算書をつくる段階で、経理部に次の点を漏れなくチェックさせてください。

①売上に持ってくることができる収入がないか

②売上原価、販管費のなかに特別なものがないか

併せて、**顧問税理士に「営業外収益や特別利益のなかで、売上高に持ってくることができるものはありませんか?」とか「売上原価や販管費のなかで、特別損失に持ってくることができるものはありませんか?」と相談してください。**何が「特別」なのかは、法律や規則に載っているわけではありません。自社で何が特別かを決めてしまえばOKです。これをやることで決算書は磨かれるのです。

お金を残してくれる税理士の選び方、使い方

ここからは、自社にお金を残してくれる、よい税理士の選び方や使い方についてお話しします。

まず、オススメするのは、こんな税理士です。

❖…よい税理士の特徴

①年齢が若い（30～40代）

税法は年々改正され、常に知識を更新していかねばなりません。ところが、年配の先生では、いまさら新しい知識を頭に入れるのは億劫《おっくう》になってしまうのです。最新の知識も知らずに、昔の経験で判断するのはとても危険なことです。親子二代で税理士事務所をやっていて、お父さんが70代、息子も50代という事務所では、最新の知識もさることながら、パソコンもろくに扱えず、やりとりはもっぱら電話かファックスということもよくあります。これでは、効率が悪過ぎます。

②レスポンス（対応）が早い

電話にすぐ出ない、すぐに折り返しもしない、質問しても返事に時間がかかるという税理士も困りものです。長らく殿様商売だった税理士業界では、これが当たり前になっています。時間にルーズなのも士商売の特徴です。

タイム・イズ・マネーです。マネー（お金）を扱う税理士がタイム（時間）を管理できなくて、どうするんだと思ってしまいます。対応が早い人は、やはり仕事面でも頼りになることが多いのです。

③情報発信、提案がマメ

メールマガジン、ホームページやブログの更新、月に一度の情報誌発行などで最新の税務知識を教えてくれる税理士がいいです。最近は、フェイスブックを使って情報を発信している税理士さんも多くなってきました。

④「できません」ではなく「考えます」と言う

税務の処理では、いつも白黒がはっきりしているわけではありません。しばしばグレーゾーンが登場します。経営者は、そのグレーをどうにかしてほしいのです。もちろん、脱税は論外ですが、四角四面な回答も勘弁してほしいところです。相談したときに、すぐに「できません」と言わず、「考えますので、ちょっと時間をください」と言う税理士がよいのです。もちろん、ただ考えてばかりでもダメです。

本書を見せて、税理士の反応を見てもいいですね。とくに、182ページで説明する電話加入権の話をしてみてください。「絶対にできません」と言う税理士とは、今後の契約を考えたほうがいいでしょう。

⑤エビデンス（証拠書類）を残してくれる

税務調査のことを考えれば、そのときどきで面倒くさがらずに、打ち合わせの記録、議事録などのエビデンス（証拠書類）を残しておくことが大切です（詳しくは218ページをご覧ください）。その記録をもとに、柔軟な視点でグレーを白に変えてくれる税理士は、なんとも心強いものです。

それから、大きい事務所がよいかといえば、そうでもありません。確かに事務所で働く人がたくさんいて、大きいほうが情報は集まりやすいのですが、やはり士《さむらい》商売なのです。

組織のために働くというよりは、個人事業主の集まりと捉えたほうがいいでしょう。個人単位、チーム単位で動きます。ですから、ピンからキリまでです。

❖…どうやって、よい税理士を見つけるのか

よい税理士の条件がわかったら、次は、そんな税理士をどうやって見つけるかです。

①取引先などに紹介してもらう

信頼できる人に、「おたくの税理士さんはどう？」「よい税理士を知らない？」と聞いてみます。そして実際に会ってみることです。その税理士が本書に書いてあることをどれだけわかっているか、確かめてみるといいでしょう。紹介といっても、単なる友人、知人の場合はやめておくべきです。

②事務所のホームページを見る

ホームページを見て更新状況や情報の発信頻度をチェックしましょう。情報に敏感でマメな税理士はクライアント思いです。ホームページすらない、最終更新が1年以上前という事務所は、なんだか不安になってしまいます。

③事務所を実際に訪問する

事務所を訪ねて雰囲気をつかみます。場所はどこで、どんなビルかをチェックします。勉強熱心かどうかは、机、本棚を見ればわかります。とくに、税法は頻繁に改正されます。専門性が年々増しています。勉強熱心な税理士の本棚は必然的にいっぱいになっていくでしょう。百聞は一見にしかずです。

④研修会への参加状況を聞く

勉強熱心な税理士なら、研修会へ積極的に参加しています。「研修に参加するのは、何も知らないからでしょう」というのは勘違いです。これまで述べたように、税法は毎年改正され、複雑になっています。独学ではすべてをカバーできません。研修会に積極的に参加している税理士は、勉強する時間をお金で買っているのです。

よさそうな税理士が見つかっても、本当に変えてよいのか不安な経営者もいるでしょう。義理人情が働いて、簡単に変えられないかもしれません。

しかし、それでは、いつまでたっても優秀な税理士に変えることはできません。すぐに変えられないなら、まず子会社の税理士として採用してみましょう。そうして、働きをチェックするのです。もし、よい働きをすれば、親会社の税理士もその税理士に変えてしまいましょう。

税理士を変えるときは、「親戚に税理士がいまして」などと、何か適当な理由をつければいいのです。大御所税理士の事務所ならば、その所長が亡くなったタイミングで変えるのもいいでしょう。

変えられるほうの税理士はものすごく嫌がります。お客さんを失うのも嫌なのですが、ほかにもう1つ理由があります。

自分がこれまでしてきた申告の間違いが見つかる可能性があるからです。間違いが見つかって、赤っ恥をかきたくないのです。言ってみれば、保身なのです。そんな税理士とは早く手を切ってしまうべきです。

❖…複数の税理士と付き合いなさい

最後に、これからの税理士の使い方です。

医者の世界と同様に、これからは税理士にも「セカンドオピニオン」が必要です。とくに、第6章で説明するオフバランスを実行する場合や、高額な退職金を出す場合、相続税を申告する場合には、普段お付き合いのある税理士とは別に専門税理士を雇ったほうがリスクを抑えられます。

東京でも大阪でも大都市にはそれぞれ専門の税理士がいるので、事前に探しておきましょう。

敷居が高いように思われますが、決してそんなことはありません。

税理士も企業のドクターです。セカンドオピニオンの税理士を探すことは、決しておかしなことではないのです。

税理士業界には広告規制があり、大々的に広告宣伝が打てません。税理士は増え続け、報酬は乱売価格になり、商店街がシャッター通りになるごとく、顧問先は減少しています。1軒でも顧問先が欲しいのです。無料相談でも何でも大歓迎なのです。

第6章

土地・建物は売ってしまいなさい！

税務対策を考えるのは経営者の義務

日本経済新聞が発表した、2013年に活躍した弁護士ランキングの税務部門でぶっちぎりのトップにランクされた鳥飼総合法律事務所の鳥飼重和先生は、こう述べています。

「日本の経営者は適法な節税策を取ることが経営上の重大課題であると考えていないような気がします。

日本の経営者はP／L（損益計算書）を毎月つくっても、資金繰り表やキャッシュフロー計算書を真剣に見てキャッシュフロー経営（使えるお金を増やす）をしているとは思えません。

日本では、節税をまったく考えず、努力や費用もかけない多数の企業や個人を『善』とする傾向が見られます。

日本社会全体が、過度に課税の公平を中心に据えるお上や国税庁の考え方を支持し、競争源泉であるキャッシュフロー（使える金、生きた金）を適法な範囲で拡大しようとする経営の自由を否認しているように思えます。

貧しくてもよいから平等にという悪しき社会主義的な国家主義の残滓《ざんし》が見え隠れしています。これでは日本企業はアメリカ企業と対等に戦えないではありませんか」

❖…経営者なら税の知識をどんどん吸収しなさい

せっかく努力して獲得したお金が社外に流出するのを抑えることは、経営者の重大な責務だと私は常に申し上げています。鳥飼先生とまったく同じ意見です。節税策を日夜考えるのは正義の道なのです。

ですから、中小企業の経営者は、無駄に多くの税金を納めないことに熱心になってほしいのです。

とにかく、税に関する知識の吸収には熱心になってください。年に1回は節税本を読み、会計事務所から送られてくるパンフレットに目を通して、わからないところは質問してみるべきです。わかりやすい言葉で説明してもらいましょう。

そして、税理士が言うことを鵜呑みにせず、一般常識で考えて「これはおかしいのではないですか?」「なぜ、そうなるのですか?」と逆質問をしてみることです。**合法的に節税して企業にお金を残すのは、経営者の義務なのです。**

合法的に節税することが当たり前のアメリカでは、著名人が次の言葉を残しています。

「この世で避けて通れないものがある。それは、死と税金である」

ベンジャミン・フランクリン（アメリカの政治家・科学者）

「必要以上の税を集めるのは合法的強盗である」

カルビン・クーリッジ（アメリカ合衆国第30代大統領）

いかがですか。日本の政治家からは絶対に出てこない言葉ですね。いまや、中小企業も海外に活路を見いださなければならない時代です。海外企業と戦っていくには、税に対する考え方を改める必要があるのです。

「含み損のある土地や建物を探しなさい（大きく節税できるタネ）」

ここからは具体的な節税策に入っていきます。節税のカギは、やはりB／S（貸借対照表）にあります。

ここで、井上式のB／S（貸借対照表）面積グラフを活用します。井上式B／S面積グラフでは、B／S（貸借対照表）の総資産を100％として、資産、負債の各科目が占める割合を面積図として表します。33ページを参考にしてください。

手元に自社のB／S（貸借対照表）を置いて、面積グラフをつくってください（ICOのホームページ〈http://www.icoconsulting.com/〉からダウンロードできます）。すると、8割の会社で、左側の真ん中あたりに、建物、土地が大きく浮き上がってきます。

その土地、建物の帳簿価格（簿価）はいくらでしょうか？　現在の時価はいくらあるでしょうか？　簿価と時価の差額が含み損になります。東京都内の一等地に土地を持っていない限り、その土地、建物は含み損を抱えていると考えてよいでしょう。

❖…使わない不動産は損を出しても売りなさい

ところで、「時価はどうやって調べるのですか」という質問をよく受けます。まず、近くの不動産屋に聞いてみてください。近所で最近、売買した実績があれば、それを参考値にします。

近隣で不動産売買の実績がなく、不動産屋に聞いても参考にならない場合は、土地なら路線価を、建物なら現在の帳簿価格（簿価）を1つの目安にします。調べると、日本全国ほとんどの土地で1㎡いくらかがわかります。毎年、路線価は8月中旬に新聞で公表されます。インターネットでも調べられます。

いまから20年以上前のバブルのときは、土地神話というものがありました。「土地は持っているだけで、どんどん値上がりする。だから、必要がなくても買ってしまおう」ということで、バクチのごとく土地の売買が行われたのです。ところが、バブルは崩壊して、土地はどんどん値下がりします。早く売却処分しておけばいいものを、損を出すのは恥だ、イヤだと、結局、塩漬けにしてしまいました。そんな土地が多いのです。

歴史の古い会社ほど、こうした土地がたくさんあります。土地を持っていても邪魔にはならないと考えて、持ったままなのです。

しかし、持っていると、本当は邪魔になります。土地や建物には固定資産税がかかります。毎年、評価額の1・4％を税金として払っているのです。P／L（損益計算書）に「公租公課」や「租税公課」という科目があります。このなかに固定資産税が入っているのです。1億円の土地なら固定資産税は140万円です。決して小さくない金額です。

❖…事業で使っている土地も売っていい

このように、値上がりを見込んで買ってしまい、塩漬けにしてある土地がある一方で、事業として使っている土地もまた含み損を抱えています。私は、ときにそうした土地も売って、含み損を吐き出しなさいと提案します。

すると、「先生、ここは創業以来の土地なのですよ。売れるわけがないでしょう」なんて言うのです。「お宅の創業は何年前ですか？　その前は、また別の人が使っていたのでしょう」と言いたくなります。

土地を持っていることが信用につながるという時代はとっくに終わりました。**いまは、いかに持たずに活用するか、「持たざる経営」の時代です。**

土地を売っても、それを賃借して使い続ければいいでしょう。たとえ持ち主が変わっても、移転しなければ誰も気づきません。要は、ミエやメンツの問題なのです。土地もミエも捨ててしまったほうが、身軽になって自由に動けるのです。

土地・建物は子会社をつくって売却せよ

「オフバランス」という言葉があります。B／S（貸借対照表）は「バランスシート（Balance Sheet）」と言いますが、不要な資産をB／Sから切り離す（オフ）ということで、「オフバランス」と言います。切り離す方法としては、売却か除却になります。

❖…オフバランスで3つのお金を手に入れる

含み損を抱えた土地や建物をオフバランスすること。これこそ、私が最もオススメする税務対策です。なぜなら、含み損を抱えた資産をオフバランスすると、次の3つのお金が手に入り、資金繰りが劇的に改善するからです。

①売却した代金

売却価格は、現在の時価を参考にして、売る側、買う側の交渉で決まります。どうしても売りたければ、ちょっと値引きしてでも売るでしょうし、どうしても欲しければ、少々

図㉒ オフバランスでこんなにお金が戻ってくる

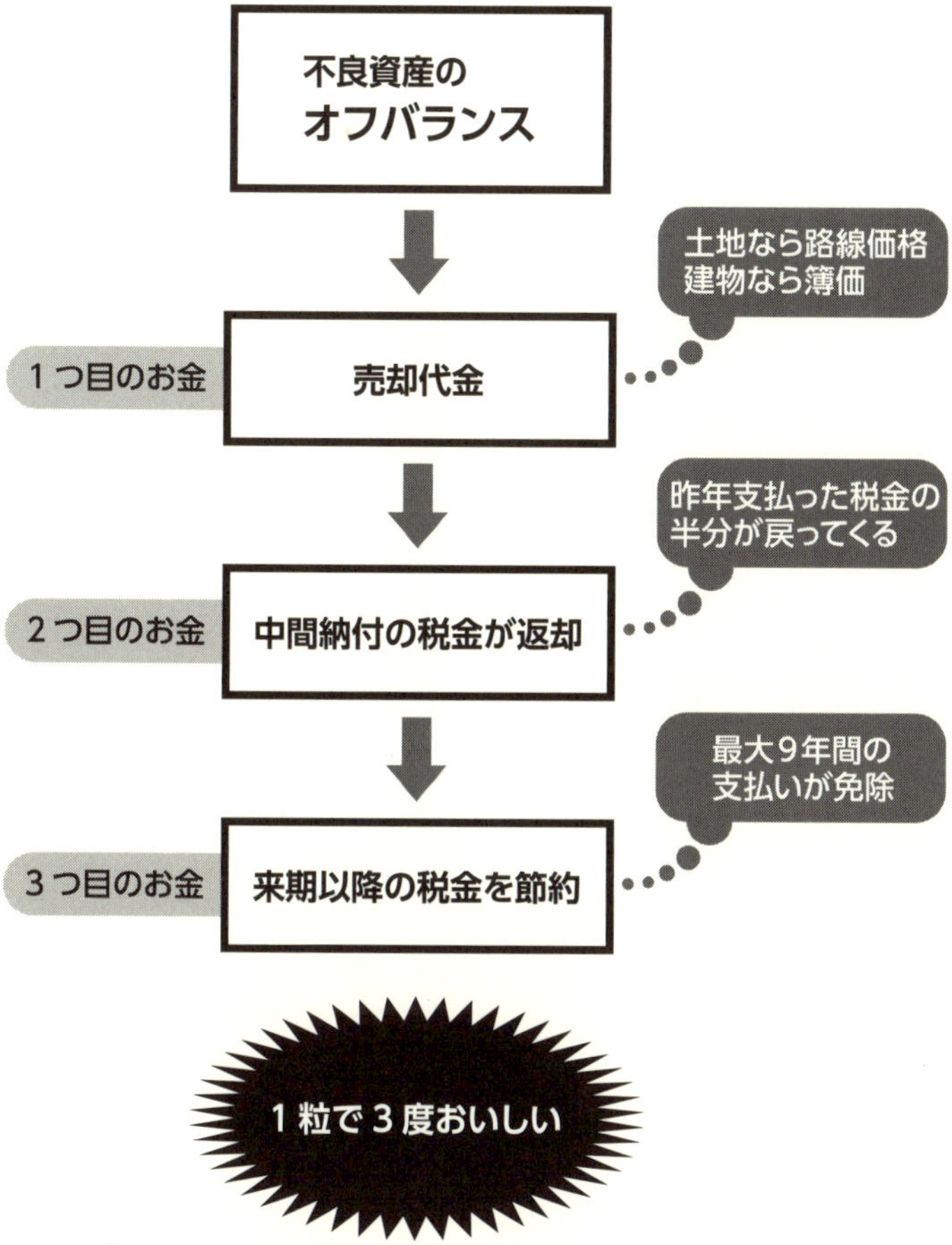

高くても買うでしょう。この交渉に時間がかかります。そもそも、不動産を売却しようと思っても、すぐに買い手は見つかりません。固定資産の売却は、早くて2年、遅いと7年くらいかかります。まさかのときには間に合いません。不要な固定資産は、業績のいいときに早く売却を決意して、長い期間で対応しなくてはならないのです。

②中間申告で納付した税金

前年に法人税を払っている場合は、中間期から2カ月以内に、前年に支払った法人税額の2分の1を支払います（これを中間納付と言います。3月決算なら、9月が中間期なので、その2カ月後の11月末までに支払います）。含み損を抱えた資産をオフバランスして、本決算の税引前利益を赤字にすれば、法人税はゼロになります。そうすると、中間納付で支払った法人税が返ってくるのです。

③来期以降、払うはずの税金

税引前利益を赤字にすると、「欠損金」が発生します。ある年に欠損金が発生すると、その翌年以降で税引前利益が黒字になっても、最大で向こう9年間は税金を払わずに済むという制度があります。この制度のなかで、将来に繰り越す欠損金のことを「繰越欠損金」

と言います。まとめると、**「繰越欠損金があれば、それがなくなるまで税金を払わずに済む」**ということです。

例えば、毎期1億円の利益が出ているような会社で、ある期で9億円の繰越欠損金が出た場合は、その期を含めて9年間は税金を一切払わなくてよいのです（平成26年度現在）。

❖…オフバランス化の障害はこうやって乗り越える

さて、オフバランスをするときによく相談されることが4つあります。次のように言ってくる企業が多いです。それぞれ、どのように指導していくのか述べていきましょう。

①「買ってくれるところがありません」

含み損を抱えた物件は、どれだけ時間をかけても売り手が見つからない、あるいは価格交渉がうまくいかず、破談になることがあります。そういう場合には、「子会社に売却したらどうですか？」と提案しています。すると、「子会社にお金なんかありません！」と言うのです。お金がないなら借りればいいではありませんか。親会社が保証をして、銀行から資金調達をすればいいのです。

②「銀行から難色を示されています」

「売りたい土地は、銀行に担保に入れているので、銀行から反対されます」と言う経営者がいます。それなら、有償《ゆうしょう》解除《かいじょ》をすればいいのです。

中小企業のなかには、借入に対して自社が持つ土地や建物を担保に入れているところがあります。その担保物件を売却するには、銀行にお願いして、担保を外してもらわなければなりません。

しかし、昔に設定した担保物件は、いまや価値が下がっていて、その売却代金だけでは現在の借入金全額を返済できない場合があります。そのようなときには、返済できなかった不足額を、新たに借り換えることで対応するのです。これなら銀行にも協力してもらえます。これを銀行用語で「有償解除」と言います。

③「顧問税理士から、できないと言われました」

さて、これで①と②は解決できました。すると、今度は「でも、子会社はわが社の100%子会社なので、税理士から『そこには売れない』と言われています。グループ内だと、なんとかかんとかで……」という新たな問題が発生します。

オフバランスをしようとすると、税理士からよくこの反論が出てきます。「グループ法人税制」なる制度があるのです。これは、平成22年10月から適用された制度で、100％子会社に対して資産を売却したときに発生する損失は、税務上で損金にできない（否認される）、つまり、節税ができないという制度なのです。

しかし、これにもきちんとした対策があります。**1％だけでもよいので、同族外の誰かに株式を持ってもらえばいいのです**。そうすれば、100％子会社ではなくなります。1％を誰かに持たせても、会社を経営するうえでは、何も怖くありません。信頼できる人に持ってもらうことです。もしいなければ、顧問税理士でもいいでしょう。あるいは、持株会をつくり、そこに株式を持たせるのも1つの手です（この場合は5％がいいでしょう）。

④「経済合理性は大丈夫ですか」

また、税理士からはこうも言われます。

「税務署から、取引の経済合理性がないと言われかねません」

経済合理性とは、具体的に何を言うのでしょうか。ポイントは「なぜ、その取引をするのか」「価格が妥当かどうか」の2つです。

「なぜ、その取引をするのか」という点については、売り手、買い手の双方に理由がなければなりません。売る側の理由は簡単です。「財務体質の改善」です。含み損がある不動産、不要な資産を削ることで筋肉質な体型になるのです。人間であれば脂肪を落とす、刀であればサビを落とすことはごくごく自然な考え方ではないでしょうか。一方で、これを買い取る子会社は、不動産の管理会社として運営します。本業と不動産管理を切り分けて、それぞれに注力するのです。いわば、「事業の選択と集中」を行うのに、何も不合理なことなどないはずです。

税務調査では、しばしば「取引価格の妥当性」を問題視します。「高過ぎる」「安過ぎる」ということです。取引価格にお墨付きを与えるのに一番よいのは、不動産鑑定士に評価してもらうことです。費用はかさみますが、のちの税務調査のことを考えれば、土地も建物もきちんと評価してもらうべきでしょう。ちなみに、不動産の評価というのは、誰が評価するかによって変わってきます。複数に依頼しておいて、低いほうを採用するということでもいいでしょう。不動産鑑定士は、不動産評価のプロフェッショナルです。そのプロが計算する価格以外に、合理的なものはないのです。

「できない。聞いたことがない。やったことがない」など、〝ないない〟と言っていても仕方ありません。すぐに実行に移すことです。

【ケーススタディ】

オフバランス化でどれだけ税金が減るのか

「オフバランスすると節税になるというのは、なんとなくわかりました。ただ、どうもいまいち具体的にイメージできません」という方もいらっしゃるので、数字を使って具体的に説明しましょう。

❖…不動産を売るために子会社をつくる

E社は、九州地方で建設資材を取り扱う専門商社です。直近の業績は芳しくなく、5年前に借り入れた5億円の借入金が重くのしかかっています。金利は2%、年間1000万円の大きな負担です。しかも、その借入金には、本社の土地、建物が担保物件として設定されています。

卸売業というのは、薄利な業界です。いまは業績がちょっと上向いていますが、これからは確実に需要がしぼみ、じり貧の世界に突入します。そもそも、E社は不動産業ではないので、自社で土地、建物を保有する必要がありません。ちょうど先代が引退し、現社長が経営権を握っています。この際、本社の土地、建物を売却して、借入金を一気に返済しようと計画しました。

経理部に確認させたところ、土地の簿価は4億円、建物は1億円とのこと。けっこうあります。現在の評価は、土地2億円、建物5000万円、合計2億5000万円です。評価額は、不動産鑑定士の評価をもらっているので安心です。念のため、鑑定士は2人に依頼して評価してもらっています。まったく同じ評価ではなかったため、低い評価のほうを選択しました。

E社には、グループ企業はありません。ですので、まずは子会社F地所を新しくつくります。E社の土地、建物が魅力的で買い手がたくさんいればよいのでしょうが、そんなところは現れません。だから、子会社をつくって、そこに土地、建物を売却することにしたのです。F地所は、不動産の賃貸を軸とした不動産管理会社という位置づけです。100%子会社だとまずいので、E社の顧問税理士を外部株主に入れておきました。

❖…子会社は銀行からの借入で不動産を買う

次に、子会社F地所は、2億5000万円を新しく銀行から調達します。F地所は設立後、間もないため、単独だとそこまで借りられません。そこで、親会社E社の保証（もしF地所が返済できなかったら、E社が肩代わりするという契約）をつけて借入実行です。E社は、F地所に土地、建物を売却したあとに、それをリースバック（賃借）する契約をしています。F地所の借入金返済原資は、E社からの賃貸収入でつくります。

資金調達ができれば、E社の土地、建物を取得するだけです。親子間の取引といっても、契約書はきちんとつくります。収入印紙も貼りましょう。取締役会の議事録もつくるべきです。親子間だと、こうしたことがついつい加減になってしまいますが、税務調査で指摘されかねません。エビデンス（証拠書類）を揃えることが大切です。

親会社E社は、子会社から入ってきた売却代金の2億5000万円で銀行借入金を返済します。5億円の土地・不動産を2億5000万円で売ったのだから、売却損が2億5000万円も出ます。当期のP／L（損益計算書）を見ると、この売却損を考えなければ、税引前利益が5000万円ですので、最終利益は赤字が2億円（5000万円－2億5000万円）になる計算です。しかし、本業の営業利益はしっかりと出ているので、銀行対策として、何も恐れる必要はありません。

❖…どれだけのキャッシュを節約できるのか

ところで、E社では昨年も税引前利益が5000万円出て、法人税を2000万円払っていました。したがって、昨年支払った税金の半額である1000万円を中間納付しています。しかし、当期の本決算は赤字なので、税金は発生しません。ということで、この前納していた1000万円が手元に戻ってくるのです。

また、これから納める当期の税金は、本来であれば1000万円（税引前利益5000万円×40％－中間納付1000万円）でしたが、これも払わずに済みます。オフバランスを実行することで、土地、建物の売却代金2億5000万円と、中間納付の還付金1000万円、これから払わずに済む1000万円の合計2億7000万円を手に入れたのです。

さらに効果が大きいのは、次の期以降です。毎年5000万円ずつ利益が出るならば、向こう4年間は税金がかからないのです。つまり2億5000万円の損失を出すことで、2億円（5000万円－2億5000万円）は、「繰越欠損金」となり、これが累積して解消するまでは、次の期以降、利益が出ていても税金はかからないことになります。本来なら毎年2000万円（5000万円×40％）ずつ税金を払わなければならないところ、オフバランスすることで、その支払いが免除されたのです。その効果は、2000万円×4年＝8000万円です。

まとめると、2億7000万円＋8000万円＝3億5000万円ものキャッシュ（お金）が節約できるのです。

図㉓ オフバランスで生まれるお金

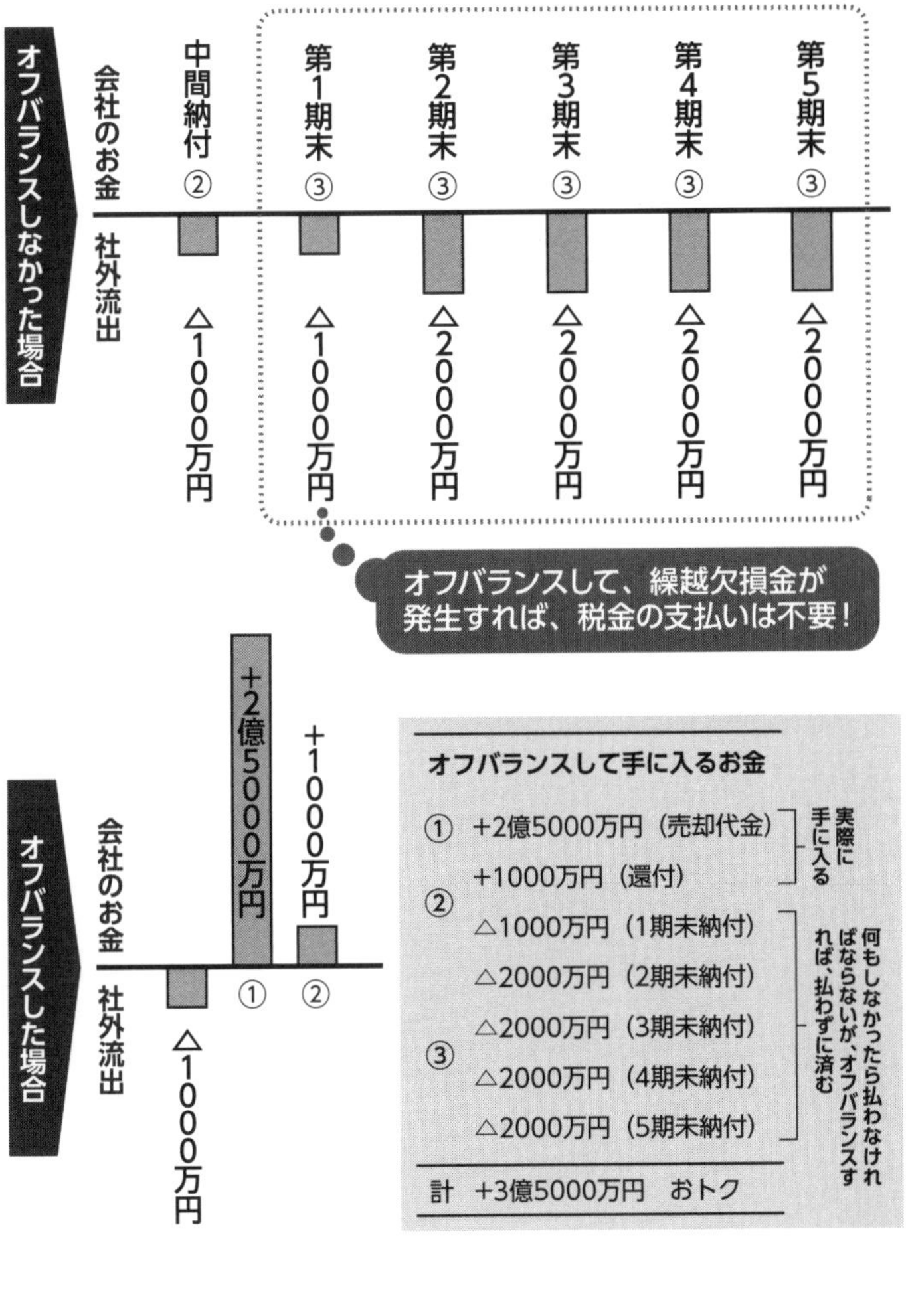

含み損は土地・建物以外にもいろいろある

B/S（貸借対照表）を眺めてください。土地、建物以外にも必ず含み損を抱えた資産はあります。資産科目をじっくり眺めて含み損を抱えているものはないか、含み損を抱えていなくても、損金で落とせるものはないか、あるいは、隠れた負債がないかをじっくり考えてください。

❖…実際に損金で落とせるものをチェックしよう

どの企業でもB/S（貸借対照表）は、たいてい同じようなつくりになっています。御社のB/Sを用意してください。それでは、左上のほう（流動資産）から順番に見ていきましょう。

現金、預金

帳簿の預金残高を、通帳や残高証明書で確認しているでしょうか？　信頼できるからと、通帳、印鑑を含めた出納管理を有能な部下一人に任せきりにしていませんか。帳簿にあるはずの預金が使い込まれたといった、現金や預金に関する不正は全国どこかで毎日のように起きています。

不正を防ぐには、経営者あるいは部長が牽制《けんせい》をかけることです。ときどき、自分の目で通帳残高と帳簿残高が一致していることを確かめるのです。

一致していない場合は、雑損失として営業外費用で処理するのではなく、「特別損失」として処理してください。

私は性善説にも、性悪説にも立ちません。あるのは性弱説だけです。どんな人間でも、どこかで魔が差す瞬間がある。そのときに、その人間に不正を起こさせず、その人間を犯罪者にしないためには、普段から内部の管理体制を整えておく必要があると考えています。

売上債権

現金商売でなければ、売掛金、受取手形があります。回収条件は守られているでしょうか。ずっと回収できていないものはありませんか。

昨年と今年の売掛金や受取手形の残高を相手別に比べて、まったく動いていないものはないかチェックしてください。

回収が遅れているものは、督促して、それをこまめに記録しておきましょう。中小企業では、この督促が非常に甘いのです。

請求書に支払予定日を目立つように記入する。支払予定日に入金がなければ、すぐに督促の電話を入れる。2、3回電話をしてもらちが明かない場合は、文書で督促する。文書は、一担当者ではなく、責任者の名前で認印を押す。それでもダメなら、弁護士から内容証明を、さらには裁判所から支払督促を出してもらうことです。

この一連の回収手続きを2、3カ月でやるのです。やれるだけやっても、回収見込みがないものは、さっさと貸倒処理します。

棚卸資産

棚卸資産には、材料、仕掛品、製品、商品、貯蔵品などがあります。使ってない、売れていない在庫はないでしょうか。季節商品を前年並みにつくった（仕入れた）結果、当てが外れて、倉庫に積み上がっていませんか。規格が変わって使わなくなった材料はありませんか。

倉庫の奥底でほこりをかぶっている商品や、返品あるいは店舗間移動できないものはすぐに廃棄しましょう。

また、決算日直前は、普段より発注のタイミングを遅らせる、あるいは入荷を一切止めて在庫を極力少なくすることです。期末日だけは在庫を極小化するのです。

製造業の場合、在庫は原料→仕掛品→半製品→製品と変化していきます。この順に価値が高くなります。同じ100個なら、仕掛品で処理するより、原材料で処理したほうが在庫金額は少なくなります。

また、リベート(仕入割戻)や買掛金の減額(仕入割引)があった場合は、営業外収益とせず、仕入のマイナスとして処理したほうが在庫金額を少なくできます。在庫金額を少なくすると、利益が減って節税につながります。

ところで、B/S(貸借対照表)を見て、製品、商品の下に「貯蔵品」があるなら、これは損金で落としてしまいましょう。

貯蔵品の中身は切手や印紙、包装材料、パンフレットなどが多いです。

貯蔵品にあがっているようなものは、だいたい毎年同じように使っている消耗品です。それならB/S(貸借対照表)から落として、買ったときに損金にしても、なんの問題もありません。

ときどき「こうやってB/Sに載せているので、在庫管理ができるのですよ。期末に数えて、帳簿と実際の差を調べるのです」と言う方がいますが、帳簿に載せていなくても、受払台帳をつくっておけば、数の把握はできます。

ただし「今年は利益が出過ぎるなあ。何かよい方法は」と言って、期末付近になって大量にこうした品物を買い、損金で落とそうとするようなミエミエの節税は、調査で指摘されますので注意してください。

その他の流動資産

未収金、仮払金、立替金、短期貸付金などの科目は、本業とは直接関係ないものです。財務に強い企業では、こうした科目は出てきません。

内容がよくわからないものはありませんか？　それらはすぐに回収できるか、経理に確認してください。売上債権と同じように、回収できないとわかれば、すぐに貸倒損失として処理しましょう。

建設仮勘定

建設中の建物などがあれば、この科目が出てきます。完成していなくても、部分的に使い始めれば、その分について減価償却ができます。キャッシュフローのことを考えれば、使える部分から、すぐに使い始めればいいのです。内容がよくわからなければ、しっかりと経理に確認してください。

機械装置、設備、備品

自社の固定資産台帳を用意して、じっくり眺めていると、「あれ!? こんなのあったっけ?」「これは、もう処分済みじゃないの?」ということがよくあります。

すでに売却、除却したものが帳簿に載っていませんか。帳簿に載っていると、固定資産税(帳簿価額の1・4%)を払わなくてはいけなくなります。ないものは、即、除却損で処理してください。

絵画・美術品

B/S(貸借対照表)に「絵画」や「美術品」はありませんか? これらは売らない限り、永遠にB/Sに残り続けます。

ところで、自社の銅像や絵画は本当に美術品と言えますか? 美術品とは時間がたっても価値が減らないものを言います。つまり、本物の美術品のみがB/S(貸借対照表)に〝美術品〟として載るのです。私は、中小企業が美術品として計上しているもののほとんどは〝美術品〟でないと思っています。

美術品でなく、備品で処理すれば5年で減価償却できます。創業者、中興の祖の銅像はまさにこれに該当するのではないでしょうか。税理士に確認してみてください（なお、平成27年1月から100万円未満の美術品は減価償却できるようになりました）。

出資金、スポーツクラブ等の会員権、投資有価証券

付き合いで買ってしまったけれど、使っていない会員権はありませんか？　得意先の株式は売れないと思い込んでいませんか？　それは本当に持っていなければいけないものですか？

昔に買ったゴルフ会員権、得意先に勧められて買わされた株式も、たいてい含み損を抱えています。さっさと含み損をはき出して、楽になりましょう。

自社のB／S（貸借対照表）に載り続けているもので不要になったものはないか、本当にその価値があるのかどうか、常にそういう発想を持つことです。

❖…役員退職金も節税の大チャンス

最後に、隠れ負債である役員退職金について触れておきます。

私は、これを30年に一度の大節税策と考えています。本書では詳しい説明を省略しますが、この役員退職金はオフバランスと同じく、大赤字を出して多額のキャッシュを生み出せる有効な税務対策です。

私が顧問先の社長に退職金を出す場合には、資産税専門の税理士、国税庁のキャリアOBを中心としたチームをつくって、3億~5億円は出すように指導しています。いざ、高額退職金を支給するとなったら、9割9分、地元の顧問税理士は二の足を踏みます。ですから、全国各地の社長から私のもとへ、次から次に相談が来るのです。

高額退職金を出すことで、功労者の労に報いるとともに、次世代に円滑に株式を承継できるようになるのです。

詳細は、拙著『会社を上手に任せる法』(日本経営合理化協会)をご覧ください。

「電話加入権もオフバランスしよう」

10社中9社はB／S（貸借対照表）の左下に「電話加入権」というものがあります。数年前のB／S（貸借対照表）を見ても、金額は見事に変わっていないはずです。

これからお話しすることをしなければ、5年後でも10年後でも、永久的にこの金額がB／S（貸借対照表）に載り続けることになります。

私は常に「価値のない資産は、B／S（貸借対照表）から落としてなさい」と言っています。174ページで説明したオフバランスの対策（例えば売掛金、在庫は不良のものを損金処理する。固定資産を除却するといった方法）は、時間をかければ必ずできるものです。

ところが、この「電話加入権」というクセモノだけは、長い間、どうにもなりませんでした。10人中9人の税理士が「電話加入権を損金で落とすことはできない」と考えて、ほったらかしにしてきました。

❖…電話加入権なんてなくてもかまわない

しかし、このクセモノをB/S(貸借対照表)から落とす方法はちゃんとあるのです。

まず、電話加入権とはいったい何なのか、確認しておきましょう。

電話加入権とは、工事負担金のことです。

私たちは、電話回線を引くときの工事代金として、決められた金額を〝電話加入権〟として払ってきました。電話加入権の値段は、時代によって改定されていますが、昔は8万円でした。その後、値段は下がり続け、2005年に現在の3万7800円になりました。随分安くなったのです。

安くなったとはいっても、実際のところ、現在では電話加入権がなくても電話を敷くことができる時代です。電話加入権の価値などなくなっているのです。

これまで、電話加入権を損金で落とそうとしても、税理士から「譲渡・売却するなんて聞いたことがない」「電話が使えなくなりますよ」「市場で売却しないとダメです」「そんな少額のために危ない橋を渡る必要はない」など、とにかく反対されてきました。

しかし、最近は、NTTのホームページにも、電話加入権の譲渡手順に関するページができています。「電話加入権等譲渡承認請求書」なるものができたのです。

この書式をNTTに提出して承認されれば、譲渡完了です。法人にも個人にも譲渡可能です。「料金のお支払い方法」の選択肢には、現在の「お支払い方法」を継続するという項目もあります。

これは実際のNTTとのやりとりです。

私　「譲渡しても電話はそのまま利用できますか？」
NTT　「ええ、できます」
私　「支払いや請求書送付先は、いまのまま継続できますか？」
NTT　「ええ、できます」
私　「じゃあ、何が違うのですか？」
NTT　「例えば、お支払いが滞ったときに、加入権を譲渡された方に弁済をお願いすることとなります」

このようなわけです。保証人のようなものですね。

❖…電話加入権を売却するのは合理的

売却先は子会社か社長個人にして、売買契約を結びます。無償譲渡だと、寄付行為になってしまうので、1本1000円くらいが妥当でしょう。

気になる方は「116」に電話して聞いてみてください。「電話加入権の譲渡のことでお聞きしたいのですが」と言えば、すぐに詳しく教えてくれます。

しかし、これでも反対する税理士はまだまだいるのです。「経済合理性が成り立たない」と反対するのです。

ちょっと待ってください。

電話加入権の譲渡によって、資産価値のない余分な資産を放り出すことができます。総資産が若干でも縮みます。自己資本比率は少しですが上がります。ROA（総資本経常利益率）も上がります。そうすることで銀行交渉に強くなれます。経済合理性は立派に成り立っているのです。

それでもダメと言う税理士と契約しているほうが、よほど経済合理性が成り立たないのではないでしょうか。

第7章

見落としている減価償却で強い会社になれる

簡単にわかる減価償却の仕組み

私は、普段から「減価償却を増やしなさい」と言っています。それは、キャッシュ（お金）が早くたまるからです。第2章で見たとおり、私の考えは「**キャッシュフロー（お金の増減）＝税引後利益＋処分損＋減価償却費**」なのです。

「減価償却、減価償却と聞くけれど、いまいちよくわからない」という人のために、ここで改めて減価償却を説明します。

❖…そもそも減価償却とは何か

1億円の設備を買って、すぐに使い始めました。さて1年後、この設備はいくらかおわかりでしょうか？

使っているから、その分価値が減っているのはわかります。でも、いくら価値があるか金額ではよくわからないものです。

しかし、わからないでは困ります。1年でいくら価値が減ったのか、そしていまの設備

図㉔ 減価償却のイメージ

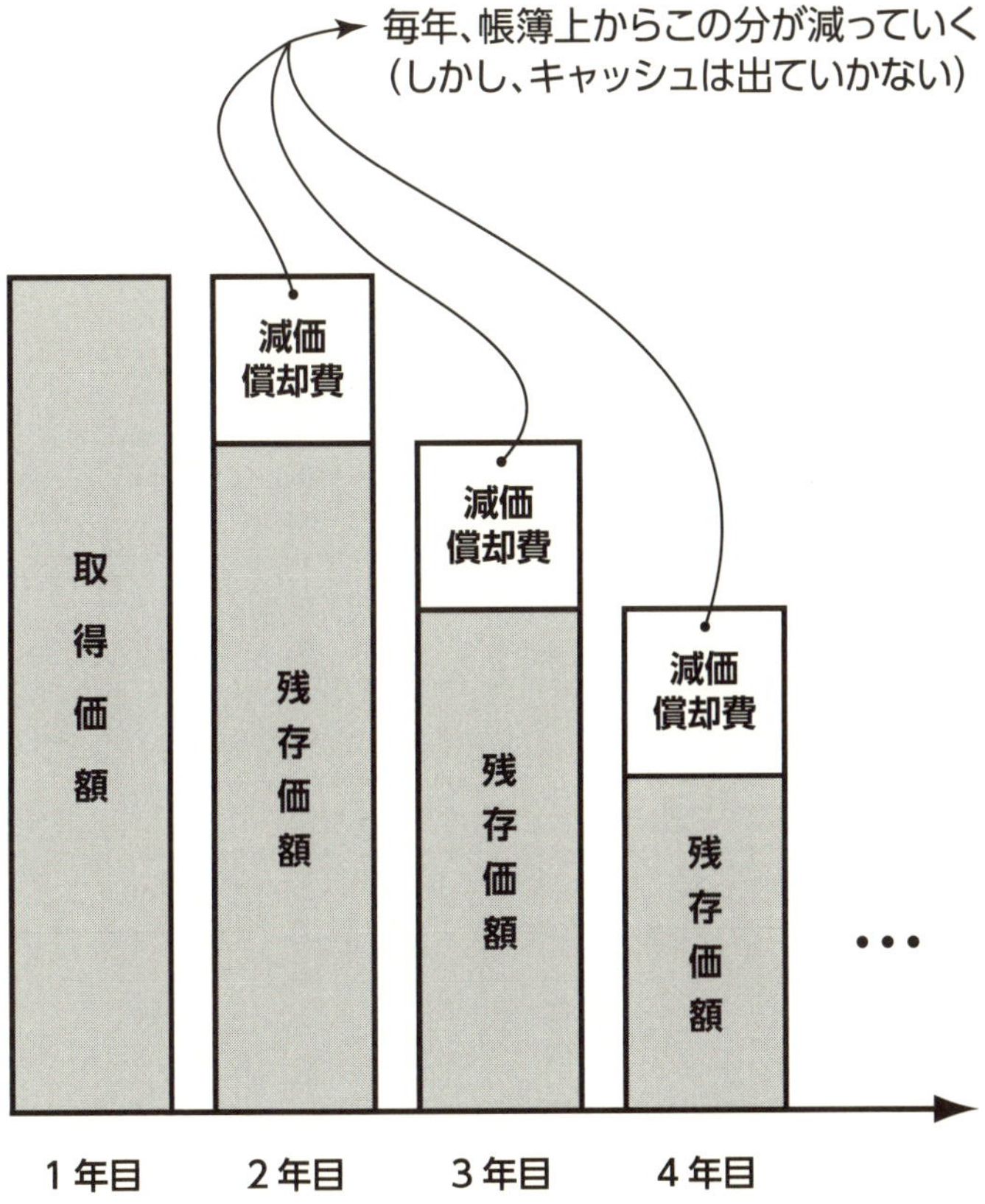

はいくらなのか、これらを決算書に表さないといけません。それを解決するために考えられたのが「減価償却」です。

設備は長く使えば、やがて価値がなくなります。メンテナンスが行き届いた会社では長持ちさせることができますが、それでもいつかは使えなくなるのです。これを会計用語で「償却する」と言います。ですから、こうした現象を、どうにかして決算書に表してやらなければならないわけです。

つまり、「帳簿上で、固定資産の価値を少しずつ減らして償却させること」が必要になります。これが減価償却です。

価値が減るといっても、実際にお金が出ていくわけではありません。あくまで、帳簿の計算上で、価値を減らしていくことです。

税引後利益は、粗利益から減価償却をマイナスして計算されています。しかし、実際にキャッシュ（お金）は出ていっていないため、税引後利益をベースにキャッシュフローを考える場合は、これを足してやる必要があるというわけです。

❖…計算はとっても簡単

減価償却費の計算方法は簡単です。

建物や設備の取得価額を、あらかじめ決められた年数で割るだけです。このあらかじめ決められた年数を「耐用年数」と言います。購入してから償却するまで（使えなくなるまで）の理論上の期間です。

「減価償却費＝取得価額÷耐用年数」となります。

なぜ、この年数が決められているのでしょうか。

企業が自由に決められると、簡単に利益調整できてしまうからです。

「今年は利益が出過ぎたから、減価償却を増やして利益を抑えよう」「そういえば、最近機械を買ったんだ。これを全部減価償却しちゃえ」といったように簡単に利益調整されたら税務署も困ります。なので、鉄筋コンクリートの建物なら50年、車両なら5年と、あらかじめルールが決まっているのです。

「うちは他社より丁寧に使っているから、もっと長いよ」という反論は、ここでは封をしておきます。そういう議論をすると、収拾がつかなくなるからです。

「経営者は減価償却を増やすことを考えなさい」

減価償却の仕組みを説明したところで、減価償却を増やす方法を考えます。対策は3つあります。

①土地を持たない
②特別償却を使う
③エビデンス（証拠書類）を残す

巷《ちまた》に出回っている節税の本に、こういったことはあまり書いていないでしょう。

私は、税理士でも公認会計士でもなく、経営コンサルタントです。ですから、節税策を検討するときも、単に税制を使った小手先のテクニックではなく、「強い会社をつくるために、経営方針としてどうあるべきか」をまず考えています。第5章で、「回転主義に徹しなさい」と述べました。**回転主義のポイントは、①資産は持たずに活用すること、②投**

貸した資金はすぐに回収することの2つです。〝固定資産への投資〟という場面で、この回転主義を実現するために、具体的にこの3つの対策が必要になってくるのです。

❖…土地は買わずに、借りなさい

経営者のなかには、なんでもかんでも自前で持つことを快感にしている人がいます。所有癖とでもいうのでしょうか。とくに、土地を持ちたがる経営者が多いのです。

しかし、よく考えてください。土地の値段は上がると思いますか。経済政策の効果もあって地価が少し上がってきましたが、これから上がり続けることはありません。東京オリンピックを控え、少しは不動産取引が活発になるでしょうが、それは湾岸地域や東京都心部、再開発地域くらいで、全体で見ればほとんどの地域で地価は下がるでしょう。

❖…土地を所有するのは得なのか損なのか

「確かに地価は下がると思います。しかし、借りて賃料を払い続けるくらいなら、買ってしまったほうがおトクだと思うのですが」と相談を受けることがあります。例えば「年間1000万円の賃料を払っている土地のオーナーから『1億円で買わないか？』と言われました。10年目までは借りていたほうがトクですが、それ以降は買ってしまったほうがトクだと思います」と、ある経営者が言ってきたことがあります。

確かに、一見するともっともらしい考えです。しかし、税金のことがすっぽり抜けています。年間1000万円の賃料はすべて損金で落ちます。つまり、その分の法人税は減っているのです。仮に、税率が50%とすれば、1年あたりのキャッシュアウト（現金流出額）は500万円なのです。こう考えると、購入したほうが有利なのは21年目以降になります。

土地は、建物と違って、減価償却できないのです。1億円で買ったら、帳簿には、売るまで1億円で載り続けます。

また、土地を自分で持つと、固定資産税がかかってきます。毎年、土地の値段の1・4%を税金で払う必要があるのです。1億円なら140万円です。けっこう大きい額ですよ。

そして、土地を買ってしまったら、それ以降身動きがとれなくなります。いまはいいかもしれませんが、これから20年で商売がまったくダメになるかもしれません。人の流れが変わって集客できなくなるかもしれません。土地を購入してしまえば、ほかの場所へ動きたくても動けないのです。そういうことを考えると、土地は持つべきではありません。

❖……減価償却が増える不動産の賢い買い方

こう説明しても、「どうしても土地が欲しい」という方もいらっしゃいます。その場合でも、工夫して減価償却を増やすことを考えてほしいのです。

例えば、土地、建物、設備をまとめて買う場面があります。全部で5億円するとしましょう。読者のみなさんなら、これらをどう帳簿に載せますか。

①土地1億円、建物1億円、設備3億円
②土地2億円、建物1億5000万円、設備1億5000万円
③土地2億5000万円、建物2億円、設備5000万円

この例は極論かもしれませんが、大切なことは減価償却を考えることです。私は①を勧めています。

土地……減価償却できません
建物……50年かけて償却します
設備……10年あれば償却できます

設備が一番早く減価償却できます。だから、もしいろいろひっくるめて固定資産を買う場合は、この設備の割合を大きくして買うことです。土地は減価償却できませんから、なるべく少なく計上することです。

最近は、個人の節税対策としてタワーマンション、それも高層階の部屋を買いなさいと言われていますが、その理由は減価償却にあります。マンションは高層階に行けば行くほど値段が高くなります。しかし、土地の値段は低層階でも高層階でも同じです。それならば、たくさん償却できる部分が多い高層階のほうが有利になります。

また、ときどき「土地は、建物付きで買うべきか、更地にしてから買うべきか」と相談されます。私の答えは「建物付きで買いなさい」です。建物付きで安く買い、しばらく使ったあとに取り壊すことです。その際、建物の除却損は特別損失として計上します。そうすることで、キャッシュフローはよくなります。

この場合は、建物を1年ほど使って（減価償却して）から取り壊すといいでしょう。最初から更地にする場合や、建物付きで買ってすぐに更地にした場合は、建物の帳簿価額や取り壊し費用は、土地の取得金額に含めなければいけなくなります。買ってからすぐに更地にしたということは、「そもそも最初から更地で買うつもりだった」と税務署は見てくるからです。1年ほどたってから取り壊すのであれば、取り壊し費用は損金で処理できます。

特別償却を使う

次に、減価償却を増やすことができる特別な制度をご紹介します。

これは、特別償却や割増《わりまし》償却と呼ばれるもので、これを使えば、通常の減価償却に特別に上乗せして減価償却ができるようになります。

すでにご説明したとおり、減価償却が増えれば、キャッシュフローを増やすことができます。つまり、この制度を使うことは、回転主義経営の2番目のポイント「投資した資金を素早く回収すること」につながるのです。

❖…強い会社になるには、生産性を高める投資をし続ける必要がある

ところで、私は企業の生産性を測る指標として労働分配率を重視しています。

労働分配率というのは、粗利益のうち、どれだけ人件費に分配したかを表す指標です。

業種業態によって目標とすべき水準は違いますが、強い会社というのは、間違いなくこれが低いのです。つまり、生産性が高いのです。

生産性を高める方法は2種類あって、①個人の生産性を上げること、②人の頭数を減らすことです。中小企業はいつでもどこでも「いい人材がいない」と嘆いています。そして入社しても、ちょっと仕事に慣れたかと思えば、すぐに辞めていってしまいます。つまり、①はなかなか簡単にいかないのです。

ですから、私は②を考えるべきだと思っています。それは、生産性の高い設備を常に入れ続けることで実現できるのです。

とくにこれからは、少子高齢化がさらに進み、どの業界でも人手不足が目立ってきます。人手不足の対策は、生産性を上げることしかありません。それには、どうしても設備投資が必要になってくるのです。

強い会社になるには、次のようなサイクルを回し続けることが必要になります。

①生産性を高めるための設備投資をする

②特別償却を使う

③投資を早く回収する
④回収した資金で、次の期にさらに投資する

この流れを繰り返すことで、他社より強い企業になれるのです。

❖…特別償却は幅広く使える

この特別償却という制度は、設備投資を促すためにつくられたもので、これが使える場面は数多く用意されています。例えば、次のような場合です。

①中小企業が機械を取得した場合
②国内の設備投資額が増加した場合
③特定中小企業者が経営改善設備を取得した場合
④太陽光発電装置など、エネルギー環境関連へ投資した場合（グリーン投資減税）

⑤耐震基準に適合する改修工事を行った場合
⑥サービス付き高齢者向け賃貸住宅を新築、取得した場合
⑦医療用機器等を取得した場合
⑧公害防止用設備を取得した場合
⑨障害者を多数雇用し、機械等を取得した場合
⑩倉庫用建物等を取得した場合
⑪震災特例法に基づき、指定地域において機械を取得した場合
⑫国家戦略特別区域において機械等を取得した場合
⑬国際戦略特別区域において機械等を取得した場合
⑭特定農産加工品生産設備等を取得した場合

いかがですか？　ぱっと見て「これは当社でもいけるんじゃないか」と思ったものはないでしょうか。

ここでは、適用できる条件（金額、内容、時期など）について1つ1つ説明しませんが、該当がありそうなものについては、顧問税理士に聞いてみることです。顧問税理士から、これらを提案してくることはまずありません。顧問税理士がそもそも知らない場合もある

かもしれませんが、それでも**「当社で特別償却が使えるものはありませんか？ ぜひ調べてほしい」と税理士に依頼しておくのです。**

また、設備を購入する先（代理店、販売業者）がこの制度を知らないこともあります。例えば、④はプリウスなどにも使えますが、この場合は、取得する車種が「環境にやさしい」など一定の基準を満たしているという証明書が必要になります。

この証明書は、ディーラーに問い合わせて取り寄せればいいのですが、私の顧問先では、最初「そういうものはありません」「使えません」と突っぱねられました。

「こういう制度があると、コンサルタントから聞いたのですが」ともう一度言っても、「使えません」の一点張りでした。

仕方がないので、経済産業省のホームページの該当箇所を印刷して持っていかせ、強い口調で「絶対あるから調べてください」と言ったところ、「あっ、ありました。申し訳ありません」となったわけです。税理士に徹底的に調べてもらうことも必要です。

❖…P／L（損益計算書）に計上するときにも注意しよう

特別償却を使った結果、通常の減価償却にどれくらい上乗せできるかは、場合によって違ってきます。一般的には、購入金額の30％を上乗せできるという場合が多いです。

そんななか、私が一番オススメするのは、買ったその年にすべて減価償却できる「即時償却」という制度です。これについては、次項で詳しくご説明します。

そして、銀行対策ということで考えれば、特別償却した分は、Ｐ／Ｌ（損益計算書）で「特別償却費」として特別損失に計上することです。間違っても、通常の減価償却費と同じように販管費に計上してはいけません。

各制度には、適用できる期限があります。つまり、毎期継続的に使える制度ではないのです。その意味で、「特別損失」としても別に問題はありません。

特別償却という制度は毎年変更があります。追加されたり、廃止されたりして忙しい制度なのです。だいたい3年ほどの期限付きで制度がつくられる場合が多いので、数年後には使えなくなっているものもあります。ただし、期限を延長する場合もありますから、年に1回くらいは、税理士さんをつかまえて、最新の状況を確認してみるといいでしょう。

即時償却を活用しよう

特別償却のなかでオススメは「**即時償却**」です。これは、設備を買った年に、その全額を減価償却できる制度です。ただし、即時償却できるのは平成28年3月までに投資したものに限られ、それ以降、平成29年3月までに投資した場合は50％の上乗せ償却となります。

❖…どんなものが即時償却の対象になるか

即時償却の対象は、「生産性を上げる」ための設備です。こういうと、まず最先端の設備が頭に浮かびますね。ただし、最先端の設備でなくても、生産やオペレーションを改善させる設備はいくらでもあります。ですから、即時償却の対象としては、**①先端設備**と**②改善設備**の2種類になります。それぞれどういう条件が必要かご説明しましょう。

①先端設備

金額は、建物か機械か工具器具備品か、何を買うかで変わります。機械なら1台あたり

160万円以上、建物や工具器具備品なら120万円以上です。そして、最新モデル（最近販売された型式）であることが必要です。

用途は、建物なら断熱材や断熱窓、備品なら冷蔵庫や冷暖房関連が中心になり、種類によって細かく規定されています。機械には用途の指定がありません。つまり、どんな機械だろうが、最新鋭で価格が160万円以上なら、買ったその年に全額減価償却できることになります。

ただし、この先端設備にはもう1つ大きな条件があります。「生産性が上がる」ということの証明をもらわなければならないことです。買った本人が「これは生産性が上がるのだ」と言っても説得力に欠けるため、外部から証明書をもらう必要があるのです。

証明書をもらうにあたっては、単位時間当たり生産量、エネルギー効率といった生産性の指標を設定し、それが従来設備から1％以上向上していることの証明をもらわなければなりません。

とりあえず最初は、そういう細かいことは考えずに、**購入先の代理店やディーラーに「生産性向上設備投資促進税制という制度を使いたいので、おたくの設備が従来のものから生産性が上がっているという証明書をください」と言えばOKです。**

ディーラーは、メーカーを通じて証明書を入手してくれます。

しかし、なかにはこの制度のことをまったく知らず、電話しても「証明書は発行できません」と言う代理店もあります。先ほどの例と同じく、担当者が知らないだけなのです。「そんなことはない。ちゃんと調べてください」と言うほかありません。

②改善設備

金額は、先ほどの①と同じですが、こちらのほうがややこしいです。というのは、自分で投資計画を作成し、その承認を税理士か公認会計士にもらう必要があるからです。生産性を測るための指標は、〝投資利益率〟「(営業利益＋減価償却費)÷設備投資額」で考えます。「新しく設備を入れると、この投資利益率が5％以上になる」という投資計画を立てたうえで、専門家に承認してもらうことが必要になるのです。

経済産業省のホームページを見れば、投資計画に必要な資料が一式手に入るので、それをもとに進めていけばよいのですが、やはり①に比べると手間がかかります。

しかし、適切な税務対策を取るには、こうした手続きを面倒くさがらずに、マメになることです。経営者は、こうした大きな制度があることを把握したうえで、自社の経理部門や顧問税理士を使って調べさせて、やらせてみることです。

「特別償却と税額控除のどっちがトクか？」

特別償却は減価償却を増やすための制度と説明しましたが、正確に言うと、設備を買った年の減価償却を増やすことで、設備を買ってから償却が終わるまでのスピードを速める制度です。

10の設備を買った場合を考えましょう。耐用年数を5年とすると、通常なら毎年2ずつを減価償却し、5年後に償却が完了となります。

しかし、即時償却を使えば、買った年の減価償却費を10計上でき、すぐに償却が完了します。

買ってすぐのときは、即時償却を使うことで減価償却を増やすことができますが、5年という長期間で見た場合には、両者とも減価償却費は10となり、違いがなくなってきます。

「なんだ、それなら5年間を通算してみた場合のキャッシュフローはどっちも変わらず、結局、大した意味はないじゃないか」と思わないでください。

何度も言うように、投資したお金はすぐに回収し、そのお金でさらに投資を行って、強い会社をつくっていっていただきたいのです。

また、企業には予期せぬタイミングで「まさかの坂」がやってくるものです。経営コンサルタント歴45年の間に、石油ショック、バブル崩壊、リーマン・ショックと、3つの「まさか」を経験しました。それだけではありません。地震、噴火、津波、大雨洪水などの自然災害、BSEなどの業界を揺るがす問題など、いったいどれだけの「まさか」がやってきたことでしょう。

そういうことを考えれば、やはり設備投資をしたら一刻も早く資金を回収していただきたいのです。

❖…「税額控除」を利用してみよう

「設備投資の際にキャッシュフローを増やす」という観点から、読者のみなさんにもう1つ知っておいてもらいたい制度があります。

それが「**税額控除**《ぜいがくこうじょ》」です。実は、これまで説明してきた特別償却が使えるときには、同時にこの税額控除を選択することができる場合が多いのです。**積極的に設備投資をしたときには、「特別償却」か「税額控除」のいずれかを選択できる**のです。

先ほど、特別償却（即時償却）というのは、買った年の減価償却を増やして、キャッシュを増やすことができるが、5年通算で考えた場合、トータルのキャッシュフローは変わらないと説明しました。これに対して、税額控除を使えば、トータルのキャッシュフローがちょっと減らせるのです。**減らせる金額は、投資金額の10%か、投資した年に払う法人税額の20%か、どちらか少ないほうです。**

❖…即時償却と税額控除を比べてみよう

では、簡単な具体例で即時償却と税額控除を比べます（簡便的に税率は50%とします）。粗利益10の企業が、10の機械（耐用年数5年）を買った場合を考えましょう。

即時償却は、買った年に10を一気に減価償却することになります。それに対して、税額控除を使う場合、減価償却は毎年2ずつ行います。ここは通常と変わらないのですが、税額控除を選択すると、投資した年の税金を1減らすことができます。図㉕のとおりです。

細かな説明は省略しますが、大きく次のような点で違いが出てきます。

（1）投資してから間もないうちは、即時償却のほうがキャッシュフローが大きくなる
（2）5年間トータルで見ると、税額控除のほうがキャッシュフローが大きくなる

図㉕ 即時償却と税額控除の比較

（Ⅰ）即時償却の場合

	事業年度	1年	2年	3年	4年	5年	合計
①	粗利益	10	10	10	10	10	50
②	減価償却（即時償却）	10	－	－	－	－	10
③	税引前利益①－②	－	10	10	10	10	40
④	税金（50%）	－	5	5	5	5	20
⑤	税引後利益③－④	－	5	5	5	5	20
	キャッシュフロー⑤＋②	10	5	5	5	5	30
		(1)					(2)

即時償却

（Ⅱ）税額控除の場合

	事業年度	1年	2年	3年	4年	5年	合計
①	粗利益	10	10	10	10	10	50
②	減価償却	2	2	2	2	2	10
③	税引前利益①－②	8	8	8	8	8	40
④	税金（50%）	3	4	4	4	4	19
⑤	税引後利益③－④	5	4	4	4	4	21
	キャッシュフロー⑤＋②	7	6	6	6	6	31

どちらがトクか検討してみよう！

普通は4（8×50%）だが、
1だけ減らせる

❖…税理士を使って有利な制度を選択しよう

それでは、即時償却と税額控除のどちらを選択すべきでしょうか？　**〝投資したお金をすぐに回収する〟という回転主義に立てば、即時償却を選択すべきです**。手元にお金がない中小企業に「まさかの坂」がやってきた場合の対策としても、投資初期にキャッシュフローが大きくなる即時償却のほうが税額控除よりも適切と言えます。

しかし、例えば、手元にお金が豊富にある企業が巨額の設備投資を行い、しかも、投資したその期に法人税をたくさん払わなければならない状況では、税額控除を選択するのも1つです。

手元現金の有無、投資額の大きさ、利益の多寡など、企業によって状況は違うので、顧問税理士に相談しながら、どちらを使うか検討してください。特別償却、税額控除という制度を上手に活用している企業はまだ少ないのが現状です。それは、顧問税理士が知らないか、あるいは知っていても面倒だから紹介しないことに原因があります。しかし、「先生、特別償却とか税額控除で使えそうなものはないのでしょうか。調べてほしいです」と言えば、税理士は動きます。

大切なのは、制度の細かい内容を知ることではありません。こういう仕組みがあることを知って、顧問税理士を動かすことなのです。

エビデンス（証拠書類）を残そう

私は、顧問先に常々「エビデンス（証拠書類）を重視せよ」と指導しています。それは、戦いに勝つためです。裁判でも税務調査でも、最後は物理的な証拠があるかないかで決着がつきます。エビデンス（証拠書類）を残す習慣をつけることが、強い企業づくりには欠かせないのです。

これは、減価償却を増やす場面においても大切なことです。

例えば、小売業の店舗で、賃借した建物に内装工事をする場合に「建物一式」と処理せず、なるべく**耐用年数が短くなるように内訳を細かく書いてほしいのです。**

給排水、衛生設備、ガス設備、電気設備は耐用年数が15年です。あるいは、そうした設備のなかに、器具、備品で処理できるものはないか調べます。細かく分類して計上すれば早く償却できるのに、建物一式としてしまっているために35年で償却しているなんてことがよくあるのです。

業者に指示して、見積書、契約書、請求書の内訳を細かく書いてもらっておけば、のちに税務調査が入っても「うちはこのエビデンスに従って、処理しています」と堂々と言えるのです。

❖…内訳を調べれば、少額減価償却資産の特例が使える

この方法は、少額減価償却資産の特例にも使えます。資本金が1億円以下の会社が、備品等を買った際に、その取得価額が30万円未満なら、買ったその期に全額償却できるのです。ここでも、先ほどと同じように、なるべく内訳を細かくしてもらうことです。「〇〇一式」なら30万円以上になっていても、内訳を細かくすることで、30万円未満に持っていくわけです。

また、値引きをしてもらう場合は、合計に対する値引きでなく、本体価格に対する値引きにしてもらい、本体を30万円未満に収めましょう。値引き対象を明確にすることで、この特例が活用できるようになるのです。

車両などを買うときは、登録費用、保険、各種手数料がかかります。これらは、まとめて「車両運搬具」として資産で計上せず、なるべく細分化して経費（損金）で処理しようと考えることです。買ったときの処理を少し工夫するだけで、お金はたまっていくのです。

第8章

税務調査を恐れる必要はありません！

いま税務調査の進め方が大きく変わっている

税務調査の進め方が大きく変わってきたことをご存じでしょうか。

平成25年1月に、調査の手続きを定めた「国税通則法」が改正されました。これまで調査開始や調査終了の手続きに関して、あいまいな部分が多かったのですが、調査するときにはあらかじめ決められた項目を事前に通知することや、調査終了時には申告是認通知（問題がなかったとき）、更正決定通知（問題があったとき）という形で、はっきり書面で残すことがルール化されました。

❖…それでも、悪しき調査は続いている

この改正は、納税者にとってはありがたいですが、調査官からしたら、やることが増えて面倒になりました。そのため、国税庁のホームページを見ると、平成24事務年度の調査件数は9万3000件で、前年度から27・4％減っています。1件当たりの調査期間は平均2・6日延びています。間違いなく調査手続きのルール化の影響です。ちなみに、平成

25事務年度の調査件数は9万1000件と、さらに減っています。

ただし、ルールが改正されて厳格化されたのは、調査開始や調査終了時の手続きです。実際の調査方法までが厳格化されたわけではありません。このため、調査の現場では、まだまだ「悪しき」調査が横行しているのです。

悪しきというのは、調査がしばしば担当者の独断で行われているからです。税務調査は法律に基づいて行わなければなりませんが、それを無視して、やりたい放題やっている調査官がいます。なぜ、やりたいようにやるのかといえば、彼らも税務署という組織に属するサラリーマンだからです。つまり、法律を無視した強引な方法でよい成績をあげないと、人事評価や出世に響いてしまうのです。

❖…税務署の内部を知っておこう

ここで、税務署という組織について触れておきましょう。会社組織では4月から新年度ですが、税務署は違います。税務署は7月からが年度(事務年度)の始まりなのです。そして、この時期に毎年3分の1の職員が異動します。ということは、3年もすれば、その税務署の職員は総入れ替えになってしまいます。しかも、辞令が出て異動するまで1週間足らずしかありません。引き継ぎも何もできたものではありません。

簡単に想像できますが、誰でも異動の前は「心ここにあらず」の状態です。春先から6月頃までは、調査官は調査に身が入らないといいます。とくに異動直前の税務署では、身辺整理をやっていて、調査どころではないのです。だから、この時期（春先から6月）に調査を受けたら、調査のレベルが軽く済むのです。

調査をするかしないかは、企業が提出した「税務申告書」を見て税務署が判断します。そして、その申告書は、決算日から2カ月以内に出すことになっています。ですから、決算日と調査時期は、ある程度決まっているのです。

2～5月決算の企業は、7～12月に調査が入ります。

6～9月決算の企業は、1～3月に調査が入ります。

10～1月決算の企業は、4～6月に調査が入ります。

調査官個人の評価対象時期は、新年度開始の7月から翌年の2月頃までです。つまり、春の3～6月に頑張っても評価されることは少ないため、調査に大して力が入りません。何が言いたいかといえば、この決算期を調整することで、税務調査を来にくくさせたり、調査官のやる気のないときに来させることができるのです。

元調査官がこう言っていました。

「調査を軽くしようと思えば、決算期を12月か1月にしたらいいのです」

❖……調査官はこの2点で評価されている

では、調査官は何を見て評価するのでしょうか。

調査官の評価は、調査で指摘した金額と率で決まっているようです。

金額……増差所得《ぞうさしょとく》(調査で見つけた修正額)

率………10件やって何件見つけたかという割合

評価する基準は一応決まっているものの、署内での昇進は実力ではなく、ゴマすりがものをいいます。つまり、調査官の肩書と調査能力は比例していないのです。

上席だろうが、主査であろうが、やる気のない調査官もいれば、出世には興味がなく現場が大好きな職人タイプの調査官もいます。こういうところは会社組織と変わりません。

ちなみに、「上席調査官」というのは、なんとなく「偉い人なんだろうな」と思ってしまいます。しかし、上席調査官は、勤続年数が長ければ誰でもなれますし、実はなんの権限もありません。ですから、何も恐れる必要などないのです。

節税するには、普段からマメさが必要

ここからは、税務調査の具体的な対策です。

まずは日頃の姿勢です。記帳をまめに行ってください。税務署員はあちこち調査してくるので、ずさんな事務でいい加減な記録や記帳なら、その隙をついてきます。必要以上に税金を払わないためには、こまめな事務処理が大切なのは言うまでもありません。

❖……どんな書類を残せばいいのか

具体的には、次のものをしっかり整えておくことです。

- **売上、仕入に関しては、契約書、請求書、納品書、売上伝票、仕入伝票など**
- **土地売却は、売買契約書、不動産鑑定書、取締役会議事録、稟議書など**
- **在庫処分は、廃棄証明書類、写真、担当部署からの顛末書、始末書など**
- **設備機械の除却は、除却証明書類、写真、担当部署からの報告書類など**

また、経費精算に関する証憑《しょうひょう》書類もきちんと揃えます。経営者は、多忙を理由にこれらの事務処理をきっちり行わず、自分が出さねばならない証憑書類の提出に関しては、ずさんで甘く、手を抜く傾向があります。部下には日報や旅費精算を厳しく要求しておきながら、自分の精算はきわめて雑であるように思います。

中小企業の叩き上げの経営者は、これらのことを知らないかもしれません。知らなければ、顧問の税理士、弁護士に相談して、どういう書類が必要か指導してもらうべきです。そのときに残しておかないと、記憶があいまいになり、あとからはなかなか準備ができません。

私は一経営者として「おみやげは絶対に渡さず、修正申告はしない」(227ページ参照)と心に決め、あらゆる経費明細、領収証、契約書などのエビデンス(証拠書類)を備えてあります。調査されたとしても、ずさんさが見受けられないとの印象を与えればいいわけです。

とくに注意すべきは、次のポイントです。

・売上は現金でもらわない、すべて事前に銀行に振り込んでもらう
・交通費明細はきちんと書く、早く提出して記帳する
・仮払金は認めない。すべて個人が立替払いし、あとで証憑書類を提出させる
・出張旅費手当規程をきちんとつくり、当局が認める日当を払う
・いかなる領収証も理由があればすべて損金扱いができると思い、こまめに取る
・不動産売買など多額の出金が伴う場合、役員会の討議議事録や取締役会、株主総会の議事録を司法書士に依頼して正確に残す

❖…申告書書類はきれいにまとめない

次に申告時です。意外に思われるかもしれませんが、大切なことは、申告書類をきれいにまとめすぎないことです。余分なことは書かず、記載事項は必要最低限にするのです。よく納税申告書の**別表2**を株主名簿と勘違いし、全株主分を書く企業がありますが、あれは同族企業の判定に使うだけなので、全株主の記載は不要です。すべて書くことによって、株主の異動状況が税務署に筒抜けになります。何も悪いことをやっていなければ、なんともありませんが、求められていない余計な情報を税務署に与えるべきではないと思っています。

売掛金、買掛金などの科目明細も、細かく書きすぎないようにしましょう。どのような書き方をしなければならないという規制はないのです。

概況説明書については、コンピュータ処理される1枚目だけをきちんと書けばいいでしょう。細かく書いても、調査が省略される可能性は低く、また足をすくわれる可能性も出てくるからです。減価償却費の明細や消費税の計算書なども、必要以上の記載、求められていない書類の提出は避けるべきです。一度、自社が税務署にどんな書類を提出しているのかを確認し、本当に提出しなければならないものか見直したほうがいいでしょう。

❖…税務署からの連絡内容もしっかり記録に残す

そして、調査を受ける前段階の対策です。

平成25年1月から、税務調査のやり方が変わったというのはすでにお話ししたとおりです。しかしながら、その後もあるクライアントには、税務調査が予告なしで入ってきました。現在の法律に照らせば、これは完全なる違法です。

なぜなら、あらかじめ調査する企業に対して、**①調査日時**、**②調査する場所**、**③調査の目的**、**④調査科目**、**⑤調査対象期間**、**⑥対象となる帳簿**などを、漏れなく通知しなければならないからです。これまでは、予告なしで調査に入ることがまかり通っていましたが、現在、これはできないのです。

しかし、税務署側も、これまでの習慣や、事前に予告するといろいろ準備されるからか、いまだに十分な事前通知をせずに調査しようとします。

そんな税務署に対して、こちらができる対策としては、調査前に電話が入ったときに、その事前連絡内容をメモしておくことです。「○月○日○時、○○課の××氏から、〜という内容で電話があった」という形式的な記録をメモしておきましょう。

もし連絡がない、あるいは連絡に不足があるなら、「国税通則法が変わって、あらかじめきちんと通知しなければならないのではないですか?」と調査官に質問します。あるいは、事前通知に不足があった場合、そのときは黙っておき、調査終了時に指摘事項が出そうになったところで、「おたくの事前通知手続きは違法です」と言って、指摘事項をなくすように交渉するのも1つの手でしょう。

ところで、調査日時はずらすことができます。

これをご存じでない経営者が本当に多いのです。業種業態によって繁閑の時期は違います。とても忙しいときに来られるのは迷惑極まりません。それならば、堂々と数カ月程度遅らせてもらえばいいのです。書類等の整理ができていなければ日程をずらしてもらって、その間に準備することです。ただし、税務調査を完全に拒否することはできません。

「怖がることはありません! 調査中はこうしなさい」

みなさんは「質問検査権」という言葉をご存じでしょうか。

税務調査において、調査官はこの質問検査権を逸脱して調査を行ってはならないことになっています。

しかし、この質問検査権を無視して、やりたいように調査している調査官がいます。「あれを出せ! これを出せ!」と指示してきます。

このときに大切なのは、その指示が質問検査権に該当するかどうかを考えることです。

❖…調査官の質問が妥当かはこれでチェック

質問検査権にあたるかどうかの判断基準は3つです。

①調査官の質問が所得や税金の変更につながるものかどうか
②検査、提示、提出を求められた資料が、すべて申告の基になっているか

③それらが所得や税金を変更することにつながるか

大切なことは、当初の調査目的を忘れず、調査対象である税金科目の計算に影響するもの以外は、質問に回答したり、資料を提出してはならないということです。

調査官の質問などが①〜③に該当しているかどうか、常に確認してほしいのです。

例えば、何かを要求あるいは質問されたとき、「それは税額計算に関係ありますか?」と質問します。

「参考までに」という回答なら、これははっきりしません。こういう場合は「では、協力しません」でOKなのです。

法人税の調査なのに、個人資産のことを聞かれる、あるいはグループ会社のことを聞かれることもあります。調査前に通知された調査の目的から明らかに外れるような要求に応じる必要などまったくありません。彼らはどさくさに紛れて、子会社の資料、社長個人の資料を見て、何か指摘するための糸口を見つけようとしているのです。

❖……たちの悪い調査官への対応方法

そして、たちの悪い調査官への対策としては、調査に対する抗議を調査官にではなく、その責任者（統括官）にすることです。彼らもサラリーマンです。点数を稼ごうとして無茶をする一方で、上司に告げ口されると困ってしまいます。

ところで、税務調査は録音することができます。調査官は嫌がりますが、録音できるのです。調査官が録音を嫌がるのは、記録が残るとクレームにつながり、裁判になったときに、エビデンス（根拠）とされるのを恐れているからです。

実際の調査において、調査官の失言は多いので、揉めたときのことを考えて録音しておくべきでしょう。

❖…「修正申告」ではなく「更正決定」に持っていく

最後に、調査が終わったあとの対策です。

「修正申告《しゅうせいしんこく》」と「更正決定《こうせいけってい》」という言葉をご存じでしょうか。

仮に調査が終わった段階で、「過去の申告に誤りがある」と、調査官から指摘されたとします。このときに取られる対応が、この2つです。

更正決定とは、税務署が、こちらの過去の申告誤りを証明して、正しい税額を決定することです。修正すべき事項があったときの対応としては、これが大原則になります。

それに対して、例外的な対応が修正申告です。これは、税務署から勧告を受けて（勧《かん》奨《しょう》と言います）、納税者側が申告の誤りを修正して、正しい税額を納めることです。

そもそも調査官には「経費に落ちない」という決定権限はありません。あくまで「勧奨」「慫慂《しょうよう》」（オススメする）ということです。最終的に、決定権は税法・憲法に則《のっと》った裁判官にあるのです。

覚えてほしいのは、**原則は更正決定であって、修正申告は例外だということです。**

そして、**修正申告には気安く応じてはいけません。**これもぜひ覚えておいてください。

顧問税理士にそこのところを十分に理解してもらいましょう。修正申告には応じない決意をすること。いわゆる「おみやげ」などは絶対に出さないこと。揉めたら更正決定に持っていくことです。

それが原則的な対応です。税務調査に対する基本姿勢です。

「更正してくれ」と言うと、税務署は「証拠資料をもっと出してくれ」とか「処理に時間がかかり、延滞税が膨大になる」とか脅しをかけてきます。税務署にしたら、更正決定に持っていくと自分たちの仕事が増えるので、そうやって修正申告させようとしているのです。

しかし、そういう脅しに屈することはありません。

「税務調査で「おみやげ」を渡す必要はない」

経営者が税務調査を恐れて、おみやげの1つでも渡そうとする発想は、すべて顧問税理士から来ていると私は考えています。

これまで説明したとおり、税理士はその資格を税務署から受けており、税理士法によって拘束されています。もし、違法な行為があれば、業務停止処分を受けて業務ができなくなり、顧客は一気に離れ、営業が成り立たなくなります。税理士の生命は顧客が握っているのではなく、国税に握られているのです。ですから、どうしても顔が税務署に向いてしまうのです。

❖…2つの視点で税務署と戦いなさい

保身のことで頭がいっぱいな税理士は、いまだに「税務署におみやげを用意しましょう」などとバカなことを言います。しかし、おみやげなどもってのほかです。

これからは、税務署と戦うべきです。その際、重要なのは次の2つです。

①大切なのは通達ではなく、税法である

調査官はよく「それは通達違反です」など脅しに近いことを言って、なにがしかの修正申告を求めてきます。また、普段、税理士に何か相談しても「通達にこう書いてあるので、できません」と言われることがあります。

しかし、通達というのは、国税庁が税務署の職員に向けて発信している命令や規則です。いわば、社内規則、就業規則のようなもので、税金を多く取るために、彼らが税法を都合よく解釈している部分もあるのです。

税務調査は、本来、法律に則って行われるものです。処分を下そうと思えば、税法に基づいて処分されなければならないのです。

通達は法律ではないので、通達違反と言われても焦る必要はありません。税務訴訟においても、通達は裁判上の判断基準とはならないのです。

「通達には従っていないが、決して税法違反にはならない」という見解が示された裁判例もあるのです。

②修正申告せず、更正決定してもらう

調査官が指摘したことがズバリ的確で、これはもう逃げようがないというなら修正申告するしかありません。しかし、「確かにそうかもしれないが、なんだか釈然としない。納得できない」ということであれば、調査官に「それでは更正決定してください」と言いましょう。そうなると、税務署自らがこちらの処理を否定する証拠を集めなければならなくなるのです。

以前、私の会社に税務調査が入ったとき、「社長の日当は非常に高いですね」と言われ、修正申告を勧められました（慫慂）。しかし、私はこう言ったのです。

「高い、高いと言いますが、何を基準に判断されたのですか？　高いという具体的な根拠を示してください。どうぞ更正決定をしてください」

税務署も、こちらがこういう対応をすると思っておらず、明らかにとまどっていました。結局、この件は問題なしということで、申告是認となりました。これが、何も勉強していない経営者や税理士であれば、「すみませんでした。ご指摘のとおりに修正します」となってしまうのです。

税務調査での逸脱行為に対処する方法

税務調査では法律を逸脱した調査がいまだに行われているのが現実です。ここでは、調査官からの指摘に対してどうすべきか、いくつか事例をまとめます。

（事例1）

「机の引き出しと金庫のなかを見せてくれ」「従業員の机のなかを見せてくれ」と言われても、基本的に見せる必要はありません。なぜ見せるのか、その根拠を質問してください。「申告に直接関係する○○があるから見せろ」ならわかりますが、根拠もなく見ようものなら、「質問検査権から逸脱していませんか？」と投げかけるべきです。

担当者の机の中身も同じことです。その担当者が不在なら、帰ってくるまで待つべきです。あるいは、こちらが1つずつ見せてあげるのです。一度こうした要求を受け入れると、すべて受け入れざるをえなくなります。初動対応が大切なのです。

また、繰り返しますが、**予告なしで調査が来たら、はっきり拒否してください**。予告なしの理由を必ず確認してください。「入らないでほしい」ときっぱり言うのです。

(事例2)

「パソコンを用意しろ」と言われても、その必要はありません。こちらに貸し出す義務はないのです。貸し出し使用料をもらってもいいくらいです。企業案内、組織図、家族構成、従業員リストなどを求められても「ホームページやほかの情報をご覧になってください」で済ませればOKです。税務調査のために、わざわざ資料をつくる必要はありません。

(事例3)

「消費税の計算明細を見せてください」と求められることがありますが、これも見せる必要はありません。現在の税務調査では、税理士が作成した計算明細を基に、総勘定元帳と照合する方法が取られています。しかし、この計算明細というものは、本来、質問検査権の対象にならないのです。提出する必要はありません。

(事例4)

「納品書、請求書をすべて紙で出してください」にも応じる必要はありません。必要な部分は、税務署が自らパソコンで確認すればいいのです。このとき、パソコンはこちらで操作します。「必要なものをおっしゃってください。その部分だけプリントアウトいたしますので」と対応すればＯＫです。

（事例5）

現金商売の場合は、「レジの現金を監査したい」と言われますが、断固拒否してください。税務署は、帳簿の金額とレジの実際額の差額を〝現金過不足額〟として捉え、「現在、これだけの過不足があるから、過去はこれだけあるはずだ」と推定してきます。しかし、この方法は乱暴過ぎます。たまたま今日は差があっただけかもしれません。彼らが税金を取りたいがために、無理やり都合よく解釈、推測してくるのです。

（事例6）

「社長の手帳とメールを見せてください」にも応じる必要はありません。そこに書かれている内容は、税額計算に直接関係するのでしょうか。事業に関するものではないはずです。手帳が申告の基ではないのです。税額変更の可能性はないでしょう。「なぜですか。根拠を教えてください」と言いましょう。

〈事例7〉

「印鑑を出してください」と言われた場合は、その理由を聞きましょう。調査の目的と関係ない場合がけっこうあるのです。印鑑を渡すと、彼らは2度使います。

まず、朱肉を付けずに押します。最近使ったかどうかを確認するためです。朱肉を付けずに押して、くっきりと印影が出れば、税務調査に備えて何か対策を取ったのかもしれないと考えるのです。そして次に、朱肉を付けて押します。印影を照合するためです。このときも、「それは調査の目的と直接関係するのですか?」と言ってください。

〈事例8〉

「売掛金の貸倒損失の処理が早過ぎますね。損金計上はできませんよ」と言われることもよくあります。その場合は、こう言いましょう。

「回収できるというなら、それを証明してください。当社としても、取れるものなら取りたいです」

これで調査官も何も言えません。

「なぜ、そうしなければならないのですか？」「法律的な根拠はありますか？」「質問検査権を逸脱していませんか？」と問い続けることで、本来、出ていく必要のないお金を守ることができるのです。

図㉖　毅然と断ることが大切

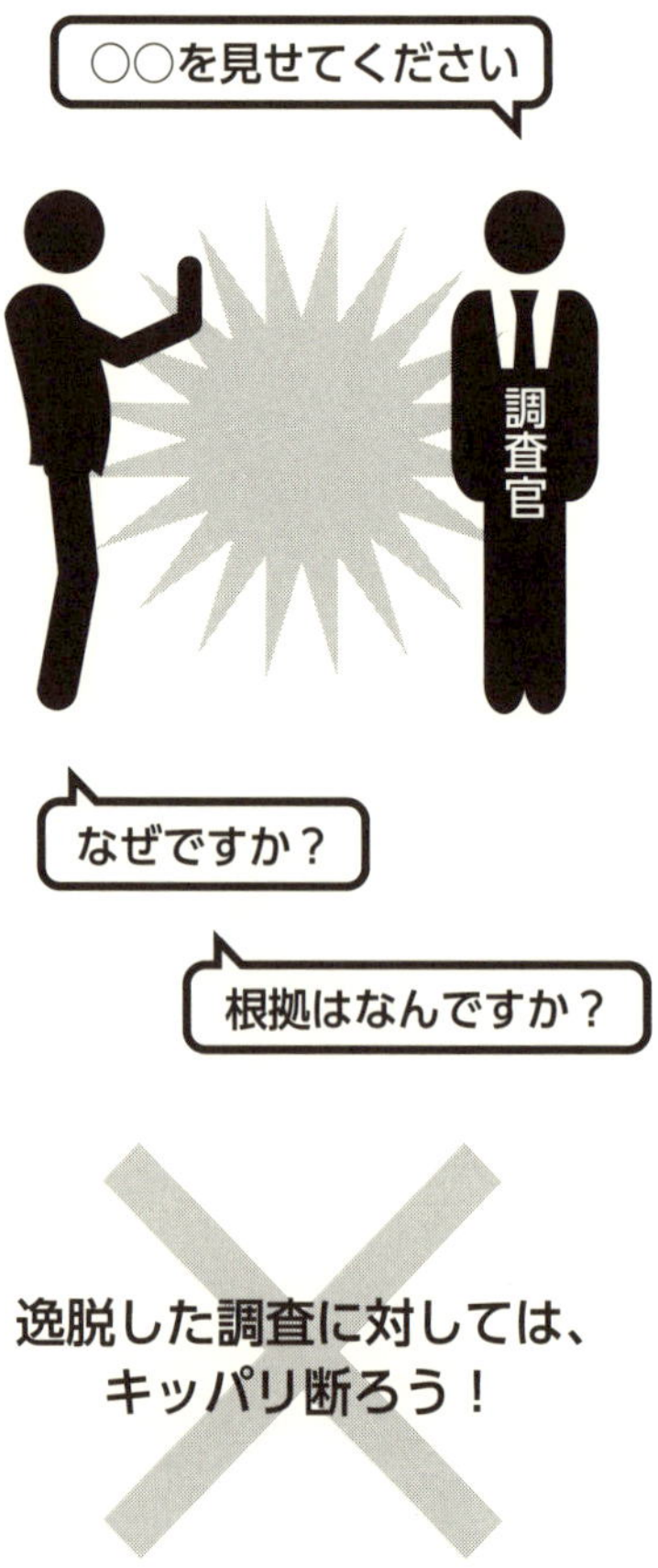

○○を見せてください
調査官
なぜですか？
根拠はなんですか？
逸脱した調査に対しては、
キッパリ断ろう！

「重加算税と指摘されるのはもってのほか」

最後に、重加算税に関する誤解も説明しておきます。

重加算税というのは、「仮装《かそう》、隠蔽《いんぺい》」行為があった場合に課される重い処分です。意図的に税逃れするのは悪質だとして、通常より重い税率（35％）が追加で課されます。重加算税がかけられれば、次回以降も税務調査が入りやすくなります。

ですから、この処分だけは絶対に避けなければなりません。

❖…調査官に理由を聞いてみよう

先ほど217ページで、税務署の人事評価についてお話ししましたが、とくにポイントが高いのが「重加算税」の対象を見つけることです。調査官はこれが欲しくてたまりません。処分する金額を下げるかわりに、重加算税をかけてくるという調査官もいるくらいです。

税務署のなかには、本来、仮装、隠蔽に該当するような悪質な問題でなくても、「これは重加算税ですね」と相手にふっかける、とんでもない調査官もいるのです。ダメもとで「これは重加算税になりますね」と指摘して、企業が「はい、わかりました。すみませんでした」と言ってくれれば儲けものという発想です。

重加算税を取れれば、出世競争で有利になります。だから、根拠がはっきりしてなくても、そうやってふっかけてくるのです。

ですから、重加算税の処分を下されかけても焦る必要はありません。

調査官は、重加算税の理由をそれらしく言ってきますが、法的に正しいかどうかは別問題です。よくあるのは、単なる書き間違いやミスを隠蔽、仮装だのと言って重加算税をふっかけられるケースです。もちろん、転記ミスなどの過失では重加算税になりません。「これはうっかりミスです。当社が意図的に仮装、隠蔽したというなら、その根拠を見せてください」と反論してください。

❖…この言葉を使ってはいけません

重加算税にならないためには、調査官と話すときや調査官に文書を提出するときに、言葉に気をつけることです。「脱漏《だつろう》」「除外《じょがい》」などの言葉を使ってはいけません。「脱漏」は漏らしたという意味です。「漏れた」とは違うのです。

また、ときどき税務調査で従業員の着服、横領という不正が見つかることがありますが、不正が見つかったからといって、重加算税の対象になるわけではありません。重加算税の対象は、あくまで「仮装、隠蔽」が要件であり、不正は要件ではないのです。

そして、確認書や陳述書を書くように求められても、それに応じないことです。なぜ、そうした書類を書かせようとするのでしょうか。それは、税務署側に確たる根拠がないからです。したがって、納税者に「私がやったのはこれこれこういうことで、間違いありません」と書かせることで証拠を取ろうとしているわけです。刑事事件の自白調書のようなものなのです。注意しないと、勝手に脱税者に仕立て上げられてしまいます。

重加算税を取ろうとする現場では、例えば「減価償却や在庫の評価方法を変えているのに、申請書の提出がないですね。これは隠蔽なので、重加算税の対象です」と言われることがあります。これのどこが重加算税なのでしょうか。

こうした「とりあえず重加算税」戦法には、「単なる提出漏れですので、隠蔽なわけがありません。隠蔽したという証拠はあるのですか」と対応してください。

これはあくまで一例ですが、このように、調査官はあの手この手で、なんとかして修正申告、重加算税を取ろうとしてきます。調査官の言うことを鵜呑みにしないことです。そして、「なぜ、これが重加算税の対象なのですか?」と徹底的に戦ってほしいのです。

あとがき

本書には、『儲かる会社をつくるには赤字決算にしなさい』というショッキングなタイトルをつけました。しかし、決して「赤字がよい」というわけではないことは、ここまでお読みくださったみなさんには、ご理解いただけたと思います。

そもそもこのようなタイトルをつけてまで、この本を上梓《じょうし》した理由は、財務の専門家たるべき税理士、公認会計士、経営コンサルタントの多くがまったく財務を理解していないと思ったからです。彼らが書いている「財務知識の基本」といったたぐいの本を読むとあきれます。中身は「銀行からうまく借入すれば、カネ回りはよくなる」「銀行からうまく借り入れる方法はこれだ」といったものばかりなのです。

借金をすれば会社にお金は入ってきますが、返済ということが頭にないのには驚かされるばかりです。実際に借入をしたことがない彼らにしたら仕方がないのかもしれません。私は、経営コンサルタントとして、現地・現場・現物が大切であり、何より実際に経験することを重視してきました。ですから、私自身も銀行から借入を行い、借金するとはどういうことか身をもって体験してきました。実際に経験したからこそ、返済していくことの大変さがわかるのです。

短期借入金（単名手形による方法）を転がしていけば、当面の資金繰りは確保できて楽になります（消費者金融で個人が借りることを考えれば理解できるはずです）。しかし、後々の返済を考えれば、大変な苦しみになることは目に見えています。

お金を借りて、銀行との関係をよくすることは簡単です。それを指南する本は、巷にいくらでもあふれています。しかし、「借りなくてもいい方法」を書いた本は非常に少ないのです。銀行を利用しても、銀行に利用されてはいけません。

本書のもう1つのテーマは、税金の支払いを抑えることです。

読者のみなさんに勘違いしていただきたくないのは、税金を抑えることが最終目標ではないということです。お金が回らなくなって、会社をつぶさないため、そして100年続く企業づくりのために税金の支払いを抑えるのです。

この意味で、本書で私が書いている内容は、よくある小手先のテクニック的な話ではありません。厳しい環境のなかで、中小企業が勝ち残っていくためには、経営者としてどういう考えを持たねばならないか、そして、その考えを実現する手段として税金を抑える方法をご紹介しているのです。

世の経営者諸兄にお尋ねします。なぜ、次のような疑問を持たないのでしょうか。

利益（営業利益、経常利益、税引前利益）が出ているのに、
・なぜ、現預金が増えないか？
・なぜ、銀行の借入金が減らないのか？

この疑問に対して、多くの識者は理屈っぽく説明します。しかし、経営者にとっては、理屈はどうでもいいのです。1年間、血のにじむ努力や苦労を重ねて、やっと営業利益を確保したにもかかわらず、取締役の賞与、配当金、税金支払いのための現金は残っておらず、銀行に借入金を申し込まなければならないことほど理不尽なことはありません。

私は、経営コンサルタントとして、そして一経営者として、こうした理不尽さに怒りを覚えています。お金で苦しむ経営者をなんとか救いたい、そのために、いかにして借入金を減らすか、いかにして税金を抑えていくかをアドバイスするのが私の使命だと日夜考え、いままで指導実践してきました。

経営コンサルタントとして45年のキャリアを積み、さまざまな企業を無借金にすべく、全国を走り回ってきました。その結果、多くの会社が担保を抜き、経営者から個人保証を外し、銀行借入から解放されて、多くの感謝を得ることができました。

一見、借金返済は簡単な道に見えますが、そこには取引銀行、税理士、会計士、コンサルタント、自社の経理担当者、老役員の抵抗があります。そして何より、本書をお読みのあなた自身の頭のなかに「できない」「やったことがない」「そうはいっても」という意識がある限り、これを実現することなど到底できません。

ぜひとも、そうした方々にこの本を読んでいただき、真のキャッシュフロー経営を実現していただければ望外の喜びです。

最後に、この本の作成には、わが社のメンバー、古山喜章、福岡雄吉郎の協力があったことを記します。

［著者］

井上 和弘（いのうえ・かずひろ）

アイ・シー・オーコンサルティング会長。1942年、大阪府生まれ。早稲田大学卒業。大手コンサルティング会社を経て、独立。企業再建の「名外科医」として、赤字会社の中に入り込み、社長や役員を叱りとばしながら思い切った手を果敢に打って短期間に収益を回復させる。カネ回りのよい仕組みづくりで、衰退産業でも儲かる経営に変えている。経営指導歴45年、これまで450社を直接指導。オーナー社長のクセを知り尽くし1社もつぶさず、一部上場はじめ株式公開させた企業も十数社にのぼる。その実力と人柄に惚れ込んだ社長は数多く、長年の信頼感から後継子息を託す人が後を絶たない。「後継社長塾」「経営アカデミー」（日本経営合理化協会主催）など、日本一高いといわれるセミナーを開いても、常に満席になる人気講師でもある。著書に『社内埋蔵金をお金にする知恵』（中経出版）、『だから、あなたの会社は倒産する』（PHP研究所）、『カネ回りのよい経営』『儲かるようにすべてを変える』（日本経営合理化協会）、『企業は腰できまる』（ダイヤモンド社）などがある。

儲かる会社をつくるには赤字決算にしなさい

——会社にお金を残す32のコツ

2015年1月16日　第1刷発行
2018年8月24日　第9刷発行

著者 ———— 井上 和弘
発行所 ——— ダイヤモンド社
〒150-8409　東京都渋谷区神宮前6-12-17
http://www.diamond.co.jp/
電話／03･5778･7234（編集）03･5778･7240（販売）
装丁 ———— 斉藤よしのぶ
DTP ———— 荒川典久
製作進行 ——— ダイヤモンド・グラフィック社
印刷 ———— 八光印刷（本文）・加藤文明社（カバー）
製本 ———— ブックアート
編集担当 ——— 田口昌輝

ISBN978-4-478-06186-2